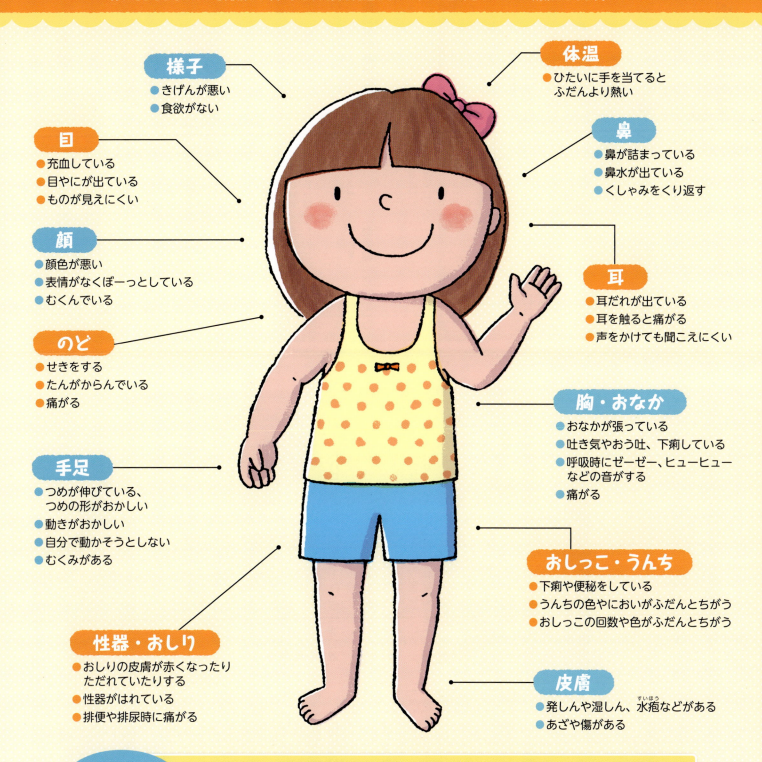

※切り取ってポスターとしてお使いください。

発しんと皮膚トラブル

病気には、皮膚に特徴的な症状が現れるものがあります。ここでは、そのなかでも幼児に多い病気の症状を紹介します。子どもの皮膚に気になる症状を発見したときの、受診の目安や園でのケアの参考にしてください。

感染症

突発性発疹症（とっぱつせいほっしんしょう）

2～3日高熱が続くと、熱が下がってから濃いピンク色の小さな発しんが出て、全身に広がる。発しんは2～5日で消失する。

はしか（麻疹）

発熱に引き続き口のなかに白い斑点が現れ、その後小さい赤い発しんが首、顔、胸などに出て全身に広がる。顔、頭などに出て全身に広がる。発しんのあとは色素沈着がしばらくは残る。

風疹（三日ばしか）

はしかに似ているが、より細かい発しんが全身に出る。発しんは3～4日で消える。

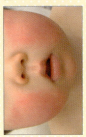

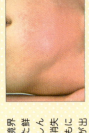

水ぼうそう（水痘）（みずぼうそう）

小さな赤い発しんが現れ、次第に水疱に変化する。その後、乾いて黒いかさぶたになる。体の中心部に多く、手足にはあまりない。

咽頭結膜熱（プール熱）（いんとうけつまくねつ）

両目または片目が結膜炎を起こし、白目とまぶたの裏が真っ赤になる。のどが赤くはれ、（白苔）と呼ばれるうみが付着することがある。

ヘルパンギーナ

のどが赤くなり、口蓋垂（のどちんこ）の上のあたりに直径2～5㎜の白い水疱ができる。水疱は破れて潰瘍になり飲食のときに痛む。

手足口病（てあしくちびょう）

白っぽい水疱がおもに手のひら、足、口のなかに出る。乳幼児はおしりや手足にできることもあるが、体の中心にはほとんど現れない。

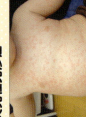

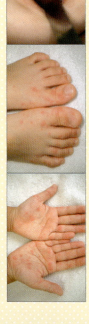

皮膚の病気

溶連菌感染症（猩紅熱）（ようれんきんかんせんしょう しょうこうねつ）

赤く細かい発しんが全身に現れる。治りかけたところに脱しんが出て、数日で消失する。脇やももにも淡い発しんが出ることもある。舌にも赤いイチゴのようなブツブツができる。

りんご病（伝染性紅斑）（りんごびょう でんせんせいこうはん）

両方のほおに境界がはっきりした鮮やかな赤い発しんが出て、数日で消失する。腕やももにも淡い発しんが出て真っ赤になることもある。

あせも（汗疹）

ひじの内側や首の後ろ、わきの下などで汗がたまりやすいところに、細かい赤いブツブツや赤い斑点ができる。くっついて真っ赤になることもある。

おむつかぶれ

おむつに触れている部分の皮膚が炎症を起こして赤くなる。悪化するといブツブツや斑点ができ、さらに重くなるとジクジクただれる。

とびひ（伝染性膿痂疹）

かゆみのある透明な水疱ができ、白濁して破れ、皮膚が化膿した状態になる。水疱の浸出液がほかの部位につくと、化膿部位が広がる。

水いぼ（伝染性軟属腫）（みずいぼ でんせんせいなんぞくしゅ）

全身に、肌とほぼ同じ色の小さい発しんが出る。発しんは徐々に大きくなり半球状に盛り上がる。中央部が少しくぼんでいるのが特徴。

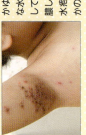

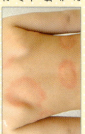

アレルギーの病気

アトピー性皮膚炎

顔、耳のつけ根、首、ひじ・ひざの裏側などにかゆみをともなう湿しんが広がり、慢性的に続く。皮膚がカサカサしたりジクジクする。

じんましん

かゆみが強い発しんができ、つながって赤く盛り上がり地図状になることもある。体じゅうどこにでもでき、でたり治まったりする。

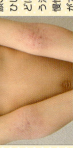

新人担任が知っておきたい！

3・4・5歳児
保育のキホンまるわかりブック

著：今井和子　石田幸美

Gakken

はじめに

　憧れの保育の仕事に就けたけれど、「こんなに大変な仕事だとは……」と理想と現実のはざまで気持ちが揺れ動き、悩むことは誰にでもあります。園の保育理念や目標の理解とその実践、子どもの成長発達を考えた環境設定、記録物の数々、ケンカ時のかかわり、病気やケガの対処、同僚とのチームワーク、保護者対応、子育て支援等々、やることがたくさんありすぎて、何から手をつけたらよいか、どのように行ったらよいか……迷っている先生方も多いと思います。

　この本は、そんな方々に向けての保育のヒントがたくさん掲載されています。あなたが、保育者はやりがいのある大切な仕事だと認識し、あなたの理想の保育者像に少しでも近づけるよう、本書ではさまざまな角度から見た「保育者の仕事」について、平成30年度より施行される保育所保育指針等の内容も加味しながら、できるだけわかりやすく記載しています。この一冊があなたの教育・保育をより豊かなものにするためのお役に立てることを祈っております。

　　　　　　　　　　菜の花保育園 主任　**石田幸美**
　　　　　　　　　　子どもとことば研究会 代表　**今井和子**

本書の使い方

本書は保育者の方が、初めてクラス担任となる際に知っておくと役立つことをまとめています。保育の現場でよくある悩みやシーンを挙げ、その具体的な対応策や、保育者として身につけたい知識や考え方などにも触れています。
保育の現場で「困った！」と思ったときに、ぜひお役立てください。

❶ Case & よい対応
ありがちな困ったケースに対して、どのような対応をとったらよいかA、Bの選択式で考えます。そのあと、よりよい対応はどちらなのかをアドバイスしていますので、確認して実践に役立ててください。

❷ 保育者へのアドバイス
そのページのテーマの基本的な考え方を示しています。心がまえや習慣として身につけると、さまざまなシーンに対応できるようになるでしょう。

❸ 保育者中のポイント
そのページのテーマで重要なことや保育のコツなどをまとめています。

❹ 先輩の実践例
先輩保育者が現場で実際にしてみて、成功した方法を紹介。すぐに取り入れやすいアイデアが満載です。

❺ 重要事項のまとめ
テーマについて、知識としてふまえておきたいことなどがまとめられています。

❻ 悩み & 解決案
保育者のよくある悩みとそれに対する具体的な解決策を示しています。園ごとに決まった方針に従いつつ、本書の方法は上司に相談しながら取り入れましょう。

文例も豊富！
連絡帳や指導計画、クラスだよりの実例も掲載しています。参考にしてみてください。

3・4・5歳児の育ちと保育のかかわり

その1 　3〜4歳

主体性が育つ

いろいろなことに興味を持ち、自分からやろうとします。言葉で自分の思っていることを言えるようになり、めあてに向かって行動するようになります。自我の育ちが著しく、自分の遊び、自分の意思を優先していきます。

先輩に聞きました！

子どもたちの成長をいちばん近くで見ることができるところが保育者の醍醐味です！

先輩に聞きました！

登園時に必ず泣いていたSちゃんに「きっと自分から"いってらっしゃい"とママに言える日が来るね」と言っていたら、ある日Sちゃんが「先生おはようございます。ママいってらっしゃい」と。そのときはママとふたりで涙が出ました。

3〜5歳

その2

探究心が育つ

「なぜなぜ期」といわれるように、3歳後半からは探究心が旺盛になり、ものごとの意味や原因を知りたがるようになります。そんな、子どもの「なぜ？」をしっかり受け止め、一緒に考えてあげましょう。そうすることで子どもの探究心は育ちます。

先輩に聞きました！

自分が子どもたちのことを考えて用意した遊びや製作を、子どもたちが楽しんで取り組む姿が見られたときは、うれしいです！

3〜5歳

その3

いろいろな道具が使えるようになる

手先の細かい動きもできるようになり、はさみをはじめ、テープやじょうごなどいろいろな道具を使いこなせるようになります。危険なものについては保育者が使い方を説明し、必ずつき添って様子を見守ります。活動の最後は数を数えてしっかり管理を。また、廃材や木材を自由に使って製作遊びができるコーナーをつくり、創造力を高めていきましょう。

3・4・5歳児の育ちと保育のかかわり

その4 3～5歳

人間関係が広がる

3歳児はまだ平行遊びも見られますが、次第にまわりにいる友だちの存在に意識が向くようになります。そのとき保育者は、「一緒にやってみようか？」「〇〇ちゃんと一緒だとなんだか楽しいね」「3人でやるといろいろできて、もっと楽しいね」など声をかけながら、誰かと共有して遊ぶ楽しさを伝えていきます。

先輩に聞きました！

行事などについて子どもたちと一緒に取り組み、当日までがんばり、心がひとつになった感覚を味わったときに、とてもやりがいを感じました！

先輩に聞きました！

グループで話し合いをするとき、自分の意見が通らないと泣いてでも通そうとするWちゃんでしたが、ある日の話し合いで、「それもいいね～、それにしよう」と友だちの意見を受け入れたときは感動しました！

先輩に聞きました！

新人保育者は最初から完ぺきでなくてもよく、失敗したり反省したり、子どもと笑いあったり感動したりして、子どもたちと1日1日成長していけばいいと思います！

ものの取り合いでケンカになることも

数が少ないおもちゃや道具などを取り合ってケンカになることもあります。なぜ取ってしまったかを聞いて、そのときの子どもの気持ちを保育者が言葉にしてあげましょう。そうすることで子どもは「先生はわかってくれている」と感じ、素直に「貸して」と言葉にしたり、貸してあげることができたり、ちがうもので遊んで待ったりすることを覚えていきます。人気のおもちゃや道具は、数を増やすことも検討するとよいでしょう。

3・4・5歳児の育ちと保育のかかわり

4〜5歳

その5

葛藤が内面化する

自分の思っていること、考えていることがうまく相手に伝わらなくて悲しい思いをしたり、友だちと自分を比べてできないことがあると悔しい気持ちになったり、自分で感情をうまくコントロールできずに悩んだりするようになります。保育者はその子の思い通りにならない気持ちに共感し、理解してあげることが重要です。葛藤は発達の重要な要素です。

先輩に聞きました！

Sケン※で自分が負けそうになると勝手にルールを変え、ルール違反を指摘されては途中で抜けてしまっていたKくん。2カ月後、ルールを守って真剣に最後まで抜けずにできた日がありました。自分の思い通りにならなくてもがまんして最後までやりとげた姿を見ることができてうれしかったです。

5〜6歳

その6

全身の運動機能が発達する

いろいろな体の動かし方ができ、まわりこんだり身をかわしたり、友だちのスピードに合わせるなど複雑な運動も体全体でバランスをとって動けるようになります。鉄棒やなわとびなどは自分なりの課題を乗り越え、より高い目標に取り組む姿勢が見られます。

※Sケンについては89ページを参照のこと。

> 5〜6歳

その7

他人を思いやる気持ちが育つ

他人の気持ちに思いをめぐらせたり、悲しい気持ちや悔しい気持ちに共感できたりするようになります。また、困っている人や年下の子の気持ちがわかるようになり、助けてあげたいと思うようになります。

先輩に聞きました!

クッキング保育のとき、Mちゃんが「おいしいからほかのクラスのお友だちにも分けてあげたい」と言い、まわりにいた子も「それいいね〜」と賛成。ほかのクラスに届けにいったとき、集団が育っていると感じました!

先輩に聞きました!

お手紙をくれたAちゃんに、忙しくて返事を出せないと伝えると、Aちゃんは「え〜なんで?」と少しムッとしていました。2、3週間たってお手紙を持ってきたAちゃんが「お返事は大丈夫だよ。先生が忙しくないとき書いてくれれば」と言って去ったときは、感激しました!

先輩に聞きました!

「今日はお客様がくるよ」と言うと、「今日は寒いから指あみのマフラーをプレゼントしようか?」と、初めて会う人たちのことも考えられるようになった言葉と姿に、成長を感じました!

保育者の1日に密着！

実際に保育者はどのような仕事を行っているのでしょう。園生活の1日の流れを追いながら、そこでの保育者の子どもとのかかわりや仕事内容を見ていきます。

6:30 出勤

出勤時間は担当により変動が。余裕を持って出勤し、受け入れの準備と環境を整えておく。

朝の仕事

- 荷物・連絡帳の確認
- 連絡事項を担任へ伝える
- 自由遊びを見守る
- 給食室に出席人数を伝える

「今日は2人お休みで、全部で12人です」

6:00　　7:00　　8:00　　9:00

7:00〜 開園・登園

「おはようございます。何かうれしいことがあったの？」

「お父さんが紙ひこうきつくってくれた」

登園してきた子どもに声をかけながら視診（顔色や表情をチェック）を。保護者からも子どもの様子を聞いておく。

子どもたちは順次選択遊び

園庭での戸外遊びでは、遊びの援助以外に、ほかの保育者と連携して安全管理も心がける。

音楽発表会に向けて、楽器の練習をする子も。困っている様子が見えたら、声をかけて援助を。

平均的な1日のスケジュール

6:30	7:00	9:30	9:40	11:30	12:00	13:30	14:30	15:00	15:30	18:00	19:00〜
出勤	開園・登園	朝の会	一斉活動	昼食準備	昼食	午睡	起床	おやつ	順次降園	延長保育	閉園・退勤

11:30〜 昼食・歯みがき

「食べ終わったら歯みがきの時間」

アレルギー食を確認！

誤食は絶対にあってはならない。アレルギーの子の献立内容は配膳前に給食室で確認しておく。

「みんなにおかずを配ってあげてね」

昼食の配膳を子どもたちが担当する園も。衛生面には気を配りながら、子どもたちをサポート。

食後は歯みがき。コップや歯ブラシを洗うことも、流れとして習慣づけておく。

保育者も子どもたちと同じテーブルについて会話を楽しみながら、食事のマナーも伝える。

トイレそうじ

衛生管理も保育者の大切な仕事。子どもたちがトイレを使ったあとはそうじを欠かさない。

10:00　　　11:00　　　12:00

9:30〜 朝の会のあと一斉活動やさんぽ

「これは何ていう葉っぱ？」

図鑑を一緒に見て植物の名前調べ。子どもの興味・関心に寄り添って「わかった！」に導く。

「何か困ったことがあったかな？」

遊びのための衣装づくり。夢中で作業しているときは見守り、手が止まったときは声をかける。

「リンゴで何をつくるか話し合って決めましょう」

食育の一環のお菓子づくり。何をつくるかを子どもたち主導の話し合いで決められるよう援助する。

製作遊びでつくった衣装をまとって、思いっきり歌って踊ることも！

12:50 集会

「今日は衣装づくりをして遊びました」

集会の司会以外の保育者は、連絡帳の確認と記入、各家庭に配布するプリントの封入を行う。

リーダー打ち合わせ

各クラスのリーダーが集まり、明日の行事予定や子どもの様子などの伝達事項を共有。

ホワイトボードに今日のできごとを書く

1日のなかでのもっとも印象的な活動を書いておき、迎えに来た保護者に読んでもらう。

交代で休憩

午睡の見守り以外の保育者は休憩に。休憩時間にほかの保育者への相談や事務処理を行うことも。

クラス打ち合わせ

午睡中にクラス担任の打ち合わせ。「こんな遊びを提案しては?」などクラス運営についての意見を交換。

13:00　　　　14:00　　　　15:00

13:30 午睡

午睡用の布団準備や片づけも子どもたち自身で。保育者はケガがないように運び方に配慮を。

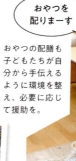

「おやすみなさーい」

休息の大切さを伝え、カーテンを閉めるなど静かに眠れる環境を整える。午睡中も交代で見守りを。

15:00 おやつ

「おやつを配りまーす」

おやつの配膳も子どもたちが自分から手伝えるように環境を整え、必要に応じて援助を。

15:30〜 降園&午後の活動

「ままごとはもうおしまい お片づけしておこう」

遊んだおもちゃの片づけがしやすいように環境を整えておく。片づけの大切さも伝えておきたい。

「今日はこんなことをして遊びましたよ」

迎えに来た保護者にその子の園での姿がわかるような1日のエピソードを伝える。

「細かいところまで見えるよ！」

切った植物の茎を顕微鏡でのぞいて大興奮。子どもの興味に沿った道具の準備が探究心を深める。

洗濯

昼食時に使うお手拭きなど園で管理をするものは、保育の合間に洗濯して干しておく。

16:00　17:00　18:00　19:00

18:00〜 延長保育

「くまくんはドアをとんとんとん」

延長保育の時間帯は異年齢保育に。ケガに注意をしながら、異年齢のふれあいも大切に。

閉園後の仕事

● そうじ
● 翌日の環境設定

生活環境を整えておくのも重要な任務。ものの配置が移動していたら元に戻しておく。

● クラスだよりを作成する

各月の最終週はクラスだより作成も。複数担任の場合は交代で作成を担当することに。

● 掲示物の作成

● 日誌をつける

日誌の記入はその日のうちに。最近はタブレットを使用する園も増えている。

19:00〜 退勤

子どもの育ちと保育の1年間の流れ

春 spring

「混乱期」は一人ひとりの不安に寄り添う

新しく入園してきた子はもちろんですが、進級児も新しい友だちが増えたり、部屋や先生が変わったり、何かしら環境の変化を体験します。慣れない環境で不安があるため、ゴタゴタするのが当然な時期です。何をして遊んでいいかわからず戸惑っている子には「好きなものがあるか見てみようか」とお部屋のなかのおもちゃを見せて、「これで一緒に遊ぼうか」と誘ってみます。子ども一人ひとりの不安を受け止めながら、安心して園生活を送るための援助をしていきましょう。

主な行事
- 入園、進級
- こどもの日
- 母の日
- 父の日
- 保護者懇談会
- 保育参観

夏 summer

「開放期」には自分らしさを表現できる遊びを

環境にも慣れてきて、子どもたちが開放的になってきます。なるべく身軽な服装で、泥遊びや水遊びなど、心身ともに開放できるような遊びをたくさんさせてあげましょう。

それまで消極的だった子も自分らしさを表現できるとよいですね。それぞれが自己発揮をできるようになるからこそ、友だちとのぶつかり合いも多くなり、トラブルも発生しやすい時期です。ぶつかり合いを経験しながら友だちができていきます。

主な行事
- 七夕
- 夏祭り
- お泊り保育
- 敬老の日

園での子どもたちの生活には、1年を通じた流れがあります。入園・進級の4月から3月まで、季節ごとに園生活における子どもの心と体の成長の特徴をつかんでおきましょう。あらかじめ1年間の流れを知ったうえで、見通しを持って保育にあたるとよいでしょう。

秋 autumn

集団生活の楽しさを実感する「盛り上がり期」

保育者や友だちとの仲も深まってくると同時に、気候もよくなり、戸外で遊ぶ機会も増えます。この時期は、運動会や遠足、芋掘りなど楽しい行事もたくさん行われ、子どもたちにとって園生活が最も盛り上がり充実する時期です。園生活の中で、子どもたちの喜びの声をたくさん聞く機会があるでしょう。3・4・5歳になると保育者の見守るなか自分たちだけで遊べるようにもなり、人と一緒に生活することや、集団生活の楽しさを理解できるようになっていきます。

主な行事
- 運動会
- 遠足
- 芋掘り
- 作品展

冬 winter

「まとめ期」は成長を喜び、進級に向け、課題のクリアを

1月〜3月は、1年間に体験してきたいろんなこと、そして自分たちがどれだけ成長したのかを振り返る時期です。「とび箱がとべるようになったよ」「絵もこんなふうに描けるようになったね」と、一人ひとりの成長ぶりを保育者と子どもたちで喜び合い、自己肯定感につなげていきます。そして「まだこんなことが苦手」「こんな遊びをしていない」ということがある子は、それらの挑戦がクリアできるように必要な環境をつくり、援助をしていきます。

主な行事
- 節分
- 生活発表会
- ひな祭り
- お別れ会
- 卒園式

> 子どもが安心する

受け入れ期(4-5月)の保育のコツ

3・4・5歳児の場合は、たくさんの進級児のなかに新入園児が入る形になります。新入園児が慣れていく様子を見守ってあげてください。保護者からその子が好きな絵本や歌を聞いておいて、「今日は○○ちゃんの好きな歌をみんなで歌おうね」「○○ちゃんの好きな絵本を読むね」と、進級児に向けて新入園児がどんな子なのかアピールするような機会があると、まわりの子にとっても受け入れやすく、本人も安心できます。保育者にとっても大変な時期ではありますが、そんなときこそ明るい表情でいられることがプロの証。笑顔で楽しそうに受け入れることが何より重要になります。

泣くことを否定しない

保護者から「泣いたらダメだよ」と言われている子もいるでしょう。保護者には「思いきって泣くことで気持ちがスッキリして早く慣れますよ」と伝えて、子どもにも「泣いたっていいんだよ」と言い、気持ちに寄り添いましょう。

進級児との橋渡しを

進級児に「○○ちゃんと○○ちゃんが新しく入りました。よろしくね」と紹介する機会を持ちましょう。めんどう見のよい子がいて、子どものほうから「何して遊ぶ?」と誘いに来てくれます。これが3・4・5歳児のいいところです。

戸外遊びがよい機会に

園庭など戸外で好きな遊びをしてたくさん体を動かすと、楽しい気持ちになり、心も軽くなるものです。「みんなで○○ちゃんを追いかけよう」と保育者がなかに入り、新入園児と進級児が一緒になって遊べるような機会をつくるのもよいでしょう。

居場所をつくってあげる

保育者の話を聞くときに座る場所やグループを決めておき、「○○ちゃんはここに座ろうね」と居場所を定めるようにすると、とても安心できます。新入園児本人が迷っていても、3歳以上児の場合は、ほかの子が「○○ちゃん、ここだよ」と教えてくれるものです。

新人担任が知っておきたい！
3・4・5歳児保育の
キホンまるわかりブック

CONTENTS

切り取り式ポスター
健康観察のチェックポイント
発しんと皮ふトラブル

忙しくても朝の健康チェックは大切！

- はじめに ……… 2
- 本書の使い方 ……… 3
- 3・4・5歳児の育ちと保育のかかわり ……… 4
- 保育者の1日に密着！ ……… 10
- 子どもの育ちと保育の1年間の流れ ……… 14
- 子どもが安心する受け入れ期（4-5月）の保育のコツ ……… 16

おしゃべりもじょうずになって、いろいろなものに興味が出てくる時期！

第1章 大きく成長する3・4・5歳児とのかかわり方

- 新・保育所保育指針等が施行されます ……… 22
- 子どもが安心して過ごせる信頼関係を築こう ……… 24
- 個性いっぱいの子どもたちと向き合うには？ ……… 26

3〜5歳の主な発達と保育のコツ①
- 言葉によるコミュニケーションを身につける ……… 28

3〜5歳の主な発達と保育のコツ②
- 友だちとのかかわり方を学んでいこう ……… 32

CONTENTS

3～5歳の主な発達と保育のコツ③
その子なりの心の育ちを支えよう………36

3～5歳の主な発達と保育のコツ④
いろいろと体を動かす経験を積ませたい………40

子どもを成長させるほめじょうずになろう………42

子どもに伝わるしかり方のコツ………44

生活習慣の自立①〈食事・食育〉
仲間との食事を楽しみ、マナーやルールを身につける………46

生活習慣の自立②〈睡眠〉
よい睡眠習慣を家庭と協力してつくる………50

生活習慣の自立③〈排泄〉
パンツへの移行からトイレの使い方まで少しずつ………52

生活習慣の自立④〈着脱・清潔〉
身だしなみや清潔の大切さを理解させよう………54

見通しをもった生活に導こう………56

配慮が必要な子への対応はひとりで抱えず、慎重に………58

保育者の心がまえチェックリスト………60

子どもは遊びからたくさんのことを学びます！

第2章 遊びのなかでいろいろな体験を

子どもたちが何に興味を持っているか観察しよう………62

遊びに必要な「間」を準備！──「時間」「仲間」「空間」………64

自由遊びと一斉活動、それぞれのよさを生かそう………66

遊びを発展させていく工夫をしよう………70

チャレンジが大好き！ な気持ちを引きだす………72

室内での遊びはじっくり遊べる手助けを ……… 74
見立て遊び・ごっこ遊びは子どもの関心に合わせる ……… 76
お絵描きなど表現力を育む遊び ……… 78
手指の発達を促す製作遊び ……… 80
日常の活動を生かして劇遊びにつなげる ……… 82
外遊びでは思いきり体を動かせるしかけをしよう ……… 84
社会の規律を守る力がつくルールのある遊び ……… 88
命を大切にする気持ちを育てる自然に触れる遊び ……… 90
さんぽで「見つけた！」をたくさん経験しよう ……… 92
水遊びと泥遊びで非日常感を楽しもう ……… 94
異年齢活動のよい点・気になる点を知ろう ……… 96
遊びのなかでの事故をなくそう ……… 98
絵本や紙しばいの読み方のコツ ……… 100

保護者の気持ちに寄り添うことが信頼関係の第一歩！

保護者

保育者

第3章 保護者に信頼される保育者になろう

保護者に共感することから始める ……… 102
登園時は保護者の心を開く大きなチャンス ……… 104
降園時は保護者と1日を共有し、明日以降につなげる ……… 106
耳を傾けてもらえる！　お願いやトラブルの伝え方 ……… 108
保護者から相談を受けたときにまず思いを受け止める ……… 110
配慮を必要とするケースは、保護者の話をよく聞く ……… 112
個人面談、保護者懇談会の上手な進め方 ……… 114

CONTENTS

心が通う連絡帳の書き方 ……… 116
実例から見る読まれるクラスだよりとは ……… 118
クラスだよりづくりに役立つアイデア集 ……… 120

園の一員としての自覚を持つことが大事！

第4章

保育者として レベルアップしよう

保育を取り巻く環境は変化している ……… 122
保育者として守るべきモラル（倫理観）とは ……… 124
職員のひとりとして、チームワークを育もう ……… 126
悩んだときは抱え込まず、先輩に相談を ……… 128
保育の仕事のお悩み Q&A ……… 130
週のリーダーとして役割を果たすために ……… 132
指導計画（月案・週案）の書き方のコツ ……… 134
日誌や記録の書き方のポイント ……… 138
ケガ報告書・ヒヤリハット報告書の書き方のポイント ……… 142
「要録」を書くときに気をつけること ……… 144
研修を利用してスキルアップしよう ……… 146
防災対策・避難訓練などで万が一のときに備えよう ……… 148

知っておきたい！子どもがかかりやすい病気・アレルギー ……… 150

第1章

大きく成長する3・4・5歳児とのかかわり方

新・保育所保育指針等が施行されます

3歳 4歳 5歳

保育所保育指針って？

国が定めた保育内容のガイドライン

保育所保育指針は、国が求める保育内容の基本的な考えを示したものです。新しい制度や最近の社会状況を考慮して、約10年ぶりに改定され、平成30(2018)年4月から施行されます。これまでバラバラだった幼稚園やこども園のガイドラインとも考え方が統一され、養護と教育の一体化の重要性が説かれています。

乳幼児保育・教育に関する三法令

- 幼稚園教育要領
  文部科学省により公示された、幼稚園での教育の基本方針

- 保育所保育指針
  厚生労働省により公示された、保育所での保育の基本方針

- 幼保連携型認定こども園 教育・保育要領
  文部科学省と厚生労働省により公示された、教育・保育の基本方針

全年齢で養護と教育の一体化を大切にしていく

育みたい知識・能力として「心情」「意欲」「態度」が重要であるという考え方は従来通りです。小規模・多機能な保育サービスが展開されるなか、質の高い保育が求められています。

> ここが変わった！

新・保育所保育指針

1 「総則」に養護のことが明記された

今回の改定で、保育所は幼児教育施設であると明示されましたが、同時に福祉施設であることは変わりません。大前提として、子どもの健康を保護し成長を助ける「養護」が、日々の保育で重要なものであることが「総則」のなかで記されました。

2 「保育課程」の名称が「全体的な計画」に

「保育課程」は、その園がどのように子どもを育てていきたいかを示す、屋台骨のようなものです。この呼び名が「全体的な計画」に変わることによって大きな変化はありませんが、より、指導計画などとの連動が高くなるイメージを持てると思います。

3 「幼児期の終わりまでに育ってほしい姿」（10項目）が入った

「10の姿」は、意欲や態度など小学校入学までに期待する子どもの姿がまとめられたものですが、必ずしもできなくてはいけない目標ではありません。子どもたちのなかにこの姿が育つように配慮しているか、保育者が確認するためのものととらえましょう。

4 発達に合わせた保育の内容をよりていねいに記載

一人ひとりの発達プロセスに寄り添う保育が重要であることは今までと変わりませんが、「乳児」と「1歳以上3歳未満児」「3歳以上児」と項目が分かれたことにより、とくに0・1・2歳児の保育について、ねらいや内容がていねいに記載されるようになりました。

5 アクティブラーニングが取り入れられた

子どもの学びに対して「何を」だけでなく「どうやって」学ぶかに着目した、「アクティブラーニング」が取り入れられることになりました。学ぶ楽しさを知り、自分から学ぶ姿勢を育むことが、これからの保育の現場には求められています。

6 アレルギーへの対応や食育の重要性が説かれた

近年、アレルギーを持つ子が増えています。一つ対応をまちがうと命の危険にかかわるため、園内での周知徹底が不可欠です。また、食べものに対する興味や大切にする気持ちを育むことは、心身の健康につながるため、食育の位置づけが高くなっています。

第1章　大きく成長する3・4・5歳児とのかかわり方

\ 先生からアドバイス /

> 保育所保育指針は保育の原点。壁にぶつかったり、自分の保育に自信が持てなくなったときはとくに読み直してみるとよいでしょう。

子どもが安心して過ごせる<u>信頼関係</u>を築こう

子どもの心と体を支える存在になる！

子どもが1日を楽しく元気に過ごすには、保育者が子どもの心と体の状態を把握していくことが大切です。朝の受け入れ時に手を握って体温を確認したり、顔色など様子を目で見てチェックすること（視診）から子どもの健康状態を感じ取りましょう。心の育ちが表面化してくるこの時期は、心のケアが不可欠です。遊んでいる様子や友だちとの関係から、心の状態も把握しましょう。

一人ひとりの子どものことを知ることがもっとも大切

保育者と信頼関係を築くことで、子どもたちは園で安心して過ごせるようになります。そのためには、一人ひとりの子どものことをよく知りましょう。
「自分のことをわかってくれている」と思えると安心感が育まれ、子どもは保育者を信頼するようになるのです。

両方をよく観察する！

子どもの特徴を知る方法

- 家庭調査票などに目を通す
- 前年度の担任から様子を聞く
- 名前を呼び、声をかける
- 一緒に遊ぶ、食事をする
- クセや好き嫌いなどを把握する
- 記録を残し、ときどき振り返る

先輩の声 わたしはこうしています！

子どもとかかわるときに気をつけていること

第1章 大きく成長する3・4・5歳児とのかかわり方

どんなことでも一緒に心から楽しむようにしています！

目線を同じ高さに合わせるようにしています！

子どもの話、子どもの思ったことをしっかりと聞くようにしています！

お手本となるような、ていねいな言葉づかいや行動を心がけています！（子どもはよく見てすぐにまねするので……）

一人ひとりの子どもの気持ちに共感して声をかけ、気持ちに寄り添うようにしています！

積極的に話しかけ、子どもたちそれぞれの特徴を覚えていきましょう

先生からアドバイス

大切なのは苦手意識や先入観を持たずに話しかけ、よく見てその子の特徴をとらえていくこと。

子どもたち一人ひとりと、そのときどきに応じた適切なかかわりをしていきましょう。

3歳
4歳
5歳

個性いっぱいの子どもたちと向き合うには？

悩み 1
その年齢でできるといわれていることができない子がいるとき、どうしたらいいかわかりません。

これで解決！ 子どもの発達は「年齢」ではなく「順序」でとらえよう

言語や心、運動能力など子どもの発達過程において、「何歳で何ができるようになる」というのはあくまでも目安であり、すべての子どもに当てはまるわけではありません。

大切なのは「年齢」ではなく「順序」です。「何歳でこれ」ではなく、「これの次にこれができる」ととらえるようにしましょう。年齢で子どもの育ちを考えてしまうと「できないこと」が気になってしまいます。あくまでも「この子はここまでできる段階」ととらえましょう。少し努力すればできる課題を用意し、スモールステップでの「できた」を積み重ねてあげることが大切です。

第1章 大きく成長する3・4・5歳児とのかかわり方

押さえておきたい！
3～6歳の発達の順序

言語（P.28～31）

三語文を話す
↓
会話ができる
↓
自分の思ったことを言葉で伝える楽しさがわかる
↓
「なぜなぜ？」が増える
↓
内言※1 が育つ
↓
「もしも」という言葉を使って、他者の立場に立って考えることができる
↓
日常のあいさつ、伝言、報告ができる

友だちとのかかわり方（P.32～35）

友だちと近くにいてもそれぞれ別の遊びをしている（平行遊び）
↓
友だちと同じおもちゃで遊べるようになるが、遊びのイメージのちがいによるトラブルも増える
↓
気の合う好きな友だちができてくる
↓
仲間を集めたがり、仲間外れをするようになる
↓
ルールを守って遊べるようになる
↓
ケンカしても子どもどうしで解決できる

心（P.36～39）

自分で決めて自分で何でもできると思い、行動する
↓
心のなかで葛藤し、自分と向き合う
↓
嫌なことでも理由に納得できればやる
↓
試行錯誤しながら工夫することができる
↓
失敗しても乗り越えられる力がつく
↓
感情が安定し、自制心がつく

体と運動（P.40～41）

手、足、全身の協応動作※2 ができるようになる
↓
両足でとぶ
↓
土ふまずができる
↓
協調運動※3 ができる
↓
ケンケン、スキップができる
↓
なわとび、鉄棒ができる
↓
竹馬ができる

※1 内言……… 自分のなかに信頼できる他者のイメージや言葉を内在化（もうひとりの自分と対話）し、考えること
※2 協応動作… 体のふたつ以上の器官や機能が連動する動きのこと
※3 協調運動… 体全体で統一した動作をするために、体のそれぞれの部分が別々の動きをする運動

発達の段階に合わせた援助をしましょう

これまでの保育指針では「おおむね〇歳児の発達過程」が示されていましたが、発達を年齢にとらわれすぎないよう、新しい保育所保育指針等では触れられていません。

一人ひとりの発達の段階に向き合い、それぞれに合わせた援助を行いましょう。必要であれば前のステップに戻ってもよいでしょう。

先生からアドバイス

3～5歳の主な発達と保育のコツ①

3歳
4歳
5歳

言葉によるコミュニケーションを身につける

Case 1　せっかく子どもから話しかけてくれたのに話が続きません。

A　その子の話を広げるような質問をして、少し待つ

B　言いたがっていることを代弁してつなぐ

よい対応は A

何が言いたいのかを引き出そう

会話を引き出すためには、時間をとってじっくり聞いてあげることが大切です。次の仕事に移らなきゃ、などと焦って子どもが言いたいことを先まわりし、代弁して会話を進めないようにしましょう。どうしてもそのときに待つ時間が取れない場合は、「長い針が3のところに来るまで待っててね」と約束をして離れるのもよいでしょう。この場合、約束は必ず守ること。
また、「よかったね」「楽しかったね」など結果を先に言うとそこで会話は終わってしまうので、気をつけましょう。

Case 2 何でも「なぜ？」と聞いてきます。すべてに答えた方がよい？

 がんばって答えてあげるのがよい

 「なんでだろうね」と尋ねたり、一緒に考える。

よい対応は **B**

まず子どもが自分のなかに持っている答えを聞いてみよう

子どもの「なぜ？」に対して正しい答えを与えるのもよいですが、それよりも質問に向き合い、子どもなりに考えた答えを引きだしてみましょう。「なんでだろうね？」と共感したり聞き返してみると、保育者が思いもしなかった答えが返ってくるかもしれません。そんな「答え」に触れることは、保育のおもしろさ、楽しさでもあります。一緒に考えたり答えを探すと、より子どもの満足感や好奇心が高まります。

これも重要!

❶ 質問したことをほめる

「いい質問だね」「これに興味を持つなんてすごいね」など、質問したことをほめましょう。

いい質問だね

❷ 答えを見いだすヒントを言う

予定や持ちものについて理由を知りたがっている5歳児の場合などに有効です。

なんで明日はビニール袋を持ってくるの？

明日はどこに行くんだっけ？

あ！ プール！

第1章 大きく成長する3・4・5歳児とのかかわり方

Case 3 集会などで話を聞いてくれない子がいます。

A 今は集中して話を聞く時間だとその場で注意する

B 集中の切れそうな子はあらかじめ保育者の近くに座ってもらう

よい対応は **B**

話の途中で注意するのはNG

大人数で広がって話を聞く場合、後ろのほうにいる子は保育者から自分が見えていないと思っていることがあります。そこで「聞いてるの？」と注意すると、ちゃんと聞いている子の集中力を途切れさせてしまうので、さけます。日常の保育で子どもの様子を把握して、集中が途切れそうな子はあらかじめ保育者の近くに座ってもらうなど、注意をしなくてよい環境をつくりましょう。

また、子どもたちが興味を持てるよう明るいトーンで楽しく話すことも大切です。

話を聞いてないときの子どもの気持ち

- 先生から自分は見えていない
- 座っていることに飽きた
- つまらなさそう
- 自分には関係ない
- 遊びたい

年齢別

話を聞く＆話し合いができるコツ

3歳

2歳のときとの連続性を大切に

知的好奇心が旺盛になり、さまざまなことに興味を示す時期。ひざをつき合わせたり肩に手を乗せるなど、話すときの距離が重要です。子ども一人ひとりの話をじっくり聞きましょう。絵本や物語への関心が高まる時期なので、読み聞かせなどを通じて聞く力を育んでいくのもよいでしょう。

4歳

6人ぐらいのグループで話し合いができるようになる

言葉で考える力がついてくるので、子どもたち自身が疑問に思ったことについて語り合うとよいでしょう。子どもから「なぜなぜ？」の質問を受けたことを取り上げ、保育者だけが語るのではなく子どもたちグループ全員が発言できるよう進め、みんなで考えを深める体験につなげていきましょう。

5歳

自分たちだけで話し合いができるようになる

保育者を介さなくても子どもたちだけでの話し合いが成立するようになってきます。しかし、放っておくと積極的な子だけが発言をして、消極的な子はひと言も話さないまま終わることも。そんなときには保育者が入り、あまり話さない子に「○○ちゃんはどう思う？」と話を促すようにしましょう。

大人とのコミュニケーションが人間関係の基礎を育みます

「聞いてもらえてうれしい」という体験が、子どもの「聞く力」を育てます。そのためには、保育者がまず「聞きじょうず」になること。子どもが「話したい」という気持ちを持って話しているときは、せかしたり先まわりしたりせずに、なるべくじっくり話を聞くようにしましょう。

先生からアドバイス

第1章　大きく成長する3・4・5歳児とのかかわり方

3〜5歳の主な発達と保育のコツ②

3歳
4歳
5歳

友だちとのかかわり方を学んでいこう

悩み1 クラスでケンカが始まったら、どのように仲裁に入ったらいいかわかりません。

これで解決！

"裁判官"にならずに"解説者"として、お互いの思いの仲立ちをしよう

ケンカは、人にはそれぞれちがった考えがあることを理解したり、感情を表に出す意味でもとても大切なもの。どうしても折り合いがつかない場合は、保育者は裁判官のように「どちらが正しい・悪い」と判断するのではなく、それぞれの思いを伝える解説者として子どもとかかわります。双方の思いを十分受け止めたうえで必要ならば、「先生はこう思う」と保育者の思いを伝えましょう。ただし、手が出るなどケガにつながりそうになった場合はすぐに引き離すこと。

先輩の声 わたしはこうしています！

子どもの言った言葉をくり返します

ケンカのときに何かを話したそうにしている場合は、よく聞いて「〇〇だったんだね」とゆっくりとくり返すようにしています。そうすると子どもは「わかってもらえた」という気持ちが強くなり、切り替えることができるようです。

年齢別 ケンカが起きたときの対応

3歳

保育者が間に入ってお互いの気持ちを代弁してあげよう

「取った・取られた」など、ものの取り合いでのケンカが多い時期。なぜ取ってしまったのかを保育者が言葉にすることで「先生は自分の気持ちをわかってくれている」と感じ、素直に「貸して」と言葉にしたり貸してあげられたり、ちがうもので遊んで待つことも覚えていきます。ケンカが頻発するようなら、ものの数を少し増やすのもOK。

4歳

保育者が立ち会えば、子どもたちで話し合いができるように

ルールを守った・守らなかったのケンカが多い時期。この場合、お互いが思っているルールが異なることが多いので、ルールを再確認してみることが大切です。それぞれどういうつもりでそうしたのか、その行動の意味を話してもらったり、保育者が言葉にしたり、ルールを実際に文字で書いて掲示するのもよいでしょう。

5歳

子どもだけで解決できてくるので、見守る

5歳児になると仲間のケンカの仲裁に入る子どもも出てきて、子どもたちだけで解決できることもあります。そうでない場合は、保育者が間に入ってお互いの思いを言葉にして伝え合ってもらったり、うまく言葉にならないときは代弁するとよいです。4歳児同様ルールを目に見える形で掲示したりしておくのもよいでしょう。

Case 3 クラスで急に仲間外れが！どうすればいい？

A まずは、仲間外れをしている子に理由を聞いてみる

B 仲間外れをしている子に仲間外れをされている子の気持ちを伝える

よい対応は **A**

仲間外れをしている子に理由を聞く

大人は「仲間外れ」を見ると「いじわるをしているのでは」と思ってしまいますが、そうではありません。この時期の子どもたちは仲間意識が強くなり、遊びやルールを一緒に積み重ねてきた仲間との結びつきが強くなる分、途中から入ってこようとする子を受け入れない傾向があるのです。仲間外れにされている子に「なんで入れてくれないのか先生と一緒に聞いてみようか？」と提案するのもよいです。

先輩の声 わたしはこうしています！

まずは仲間外れにされた子と遊びます

しばらく一緒に遊んでから、どうしたらいいかを一緒に考え、友だち関係が円滑にいくように見守ったり、加わったりしています。

年齢別

人間関係に見られる特徴

3歳

仲よしの子もできるが、相手のことを考える力は未熟

言葉でのやり取りができるようになったり、身近な人の名前を言えるようになり、友だちと同じ場で過ごすことを喜ぶようになります。しかし、まだ相手のことを考える力は未熟で、同じ遊びをそれぞれが楽しんでいる「平行遊び」がほとんどです。自分の要求がはっきりしてくるので友だちとのぶつかり合いも多くなります。

4歳

友だちを通して自分の内面を意識できるようになる

友だちとの会話が活発になり、つながりが強くなります。友だちと一緒に遊ぶことが多くなることによって他の人のことがよくわかるようになり、「〇〇ちゃんのようにやりたいんだけど、わたし、できない」といったように、自分自身を目に見えない内面まで意識できるようになります。

5歳

ルールを守る力がつき、集団内での役割もできる

自己主張のぶつかり合いを通じて相手の気持ちを感じ取る力が育ってきます。ルールを守る力がついてくるので、友だちと考えを出し合いながら遊びを進めたり、もめごとを仲間どうしで解決できるようにもなります。一人ひとりが集団のなかでの役割を担い、最後までやり抜こうとする姿勢も。

トラブルは成長に必要なものと考えましょう

集団生活をしていると、トラブルは必ず起こります。回避しようとするのではなく「発達に必要なもの」と考え、発達段階に応じて対処しましょう。
子どもはケンカや意見のぶつかり合いをくり返しながらさまざまなことを学んでいきます。「このトラブルを通して、今この子は成長しているんだ」と考えられるといいですね。

先生からアドバイス

第1章 大きく成長する3・4・5歳児とのかかわり方

> 3～5歳の主な発達と保育のコツ③

その子なりの心の育ちを支えよう

3歳 4歳 5歳

Case 1 登園時から元気がなくふさぎこんでいる。何と声をかける？

A「あっちに行って遊ぼうか？」

B「どうしたの？何かあったのかな？」

気持ちの切り替えを急がせなくてもOK

登園時の様子がふだんとちがったら、朝怒られた、寝不足、おなかがすいている、食べすぎて苦しい、前の晩に何かあった……など、心や体から出るサインです。この場合は、むりに気持ちを切り替えさせるのではなく、子どもの話を聞いたり、言い出せない子はしばらく見守り、本人の心が落ち着くのを待ちましょう。体調をくずしている場合もあるので注意して見ていきましょう。

Case 2 ツメかみや性器いじりなどのクセは、やめさせたほうがいい？

A 人前でするとよくないと注意して、やめさせる

B 原因を考えながら遊びに誘っていく

よい対応は **B**

クセは葛藤の表れ。むりにやめさせない方が◎

このようなクセは、何かうまくいかないことがあったり、自分の思っているように自分をコントロールできないことによる葛藤が内面化しているときによく見られます。園で情報を共有しながら、何が葛藤の原因になっているのか様子を見守りましょう。夢中になれる遊びを見つけたり、思いを言葉にして話せるようになるとクセがおさまることもあります。

 押さえておきたい

各年齢の心の発達の特徴

3歳 なんでも自分で。自分が主役
自我が急激に育ち、自分でできることが増える時期です。自己主張が強くなる一方で、その気持ちを受け止めてくれる大人がいることで他者の気持ちにも気づけるようになります。

4歳 理想を掲げて葛藤する
自分なりの理想を掲げますが、思うようにできない自分とのギャップにいらだち、葛藤することが多い時期です。まわりが見えるようになり、人と自分を比べることも。

5歳 がまんする力が育つ
自分を相手に置き換えたり、自分の心のなかで信頼する人の言葉を思い出す「内言」が育ち、がまんする力をつけていきます。嫌なことでも、理由に納得すればやれるようにも。

悩み1 なんでも友だちのまねをする子がいます。その子の個性を出してあげたいと思うのですが……

これで解決！

まねは憧れや好意の表れ。あたたかく見守ろう

3歳以上になると友だちとの距離が近くなり、自分と友だちとの関係のなかで自分の気持ちを意識し、友だちのなかにあこがれや願いを見つけるようになります。まねはそのあこがれや願いを形にしている行為。その過程で思い通りにできない自分と葛藤して、成長していきます。あたたかく見守るとよいでしょう。

ここに注意！

行動を先取りした言葉がけをすると、自分で考えることができなくなることも

失敗しそうなとき、失敗しないよう事前に声をかけていませんか？ それは「行動を先取りした言葉がけ」になり、それが続くと「これをすればどうなるか」を自分で考えられないようになります。たとえ失敗したとしても、それもまた大事な経験。言いたくなるのをグッとこらえて見守りましょう。

ありがちNG例

着替える前に……
ボタンをかけちがえないでね！

外遊びで……
そんなに走ったら転んじゃうよ！

自由遊びで……
お友だちと取り合いしないでね！

年齢別

その他の心の発達まとめ

3歳

- 「今」を基準に時間の流れがわかってくる
- 自分のことを「ぼく」「わたし」と呼ぶようになる
- 好んで手伝いをする
- うれしい、楽しいことに共感できる

4歳

- 探求心が育ち、何にでも興味を持って「なぜ？」と質問してくる
- 友だちと自分を比較して競争心が芽生える
- 悔しいこと、悲しいことにも共感できる
- ルールを理解し、守れるようになる

5歳

- 「いい」「悪い」の二元的な考えから「○○することだってある」という中間の考えができるようになる
- 年下の子や困っている子の気持ちに寄り添い、思いやりを持った行動ができる
- わざと人が困ったり心配するようなことをしたり言ったりして注意をひこうとする「こっち見て行動」が表われることもある
- 友だちと共同でひとつのことを達成しようとがんばれる

失敗しても乗り越える力がつき、達成感や自信を得るようになります

子どもは失敗を体験することで乗り越える力が育まれ、次に失敗せずにできたとき、達成感や自信を得ることができます。保育者に求められるのは「失敗しないよう注意すること」ではなく、「失敗したときのフォロー」。そのためには、日ごろから子どもたちの様子をよく見ていることが大切なのです。

先生からアドバイス

第1章 大きく成長する3・4・5歳児とのかかわり方

3歳
4歳
5歳

3〜5歳の主な発達と保育のコツ④

いろいろと体を動かす経験を積ませたい

悩み1 あまり体を動かして遊びたがらない子に運動してほしいときは、どうすればいい？

これで解決！

得意な活動と組み合わせてみて

むり強いはせず、少しずつでも外に出て遊ぶ気持ちになるようなきっかけを見つけましょう。その子の興味のある遊びや得意な活動を用意して根気よく誘いかけ、楽しいと感じられる体験を積めるようにします。また、なぜ外遊びが嫌なのかをその子に聞くなどして気持ちを理解し、嫌だと思うことをひとつずつ乗り越える援助をしていくようにしましょう。

やってみようよ！

Case 1

園庭で年長児が木登りを
していうのを見て、
3歳児のNくんが
「自分も……」と
登り始めました。

 「Nくんにはまだむりよ」
と強制的にやめさせる

 安全に配慮し、保育者が見て
いるところで挑戦させる

よい対応は

B

一方的な禁止はNG

一方的に禁止することがいちばんNG。とくに3歳児はやってはいけない理由がわからないと、こっそりやることがあります。理由を説明してもやろうとする場合は、マットを敷くなど安全を確保したうえで保育者がそばについているときであれば挑戦させてもよいでしょう。自分の力では登れなかったり、登ってみたらこわくて下りられなくなるということもよくあります。子どもはそこで納得できるので、自らやらなくなります。初めての場所や、その場で大きなケガの危険性があるようなら、運動能力に応じてストップをかけることも、必要です。

いろんなことができるようになる反面、不得意なことも出てきます

体を動かす遊びが好きな子、手先を使う遊びが得意な子……それぞれ得意不得意が出てきます。一斉活動のなかで一人ひとりの好みを見ておきましょう。

子どもが得意なことを伸ばしながら苦手なことも体験できるよう、1週間のなかで静と動、両方の遊びができるよう工夫するとよいですね。

先生からアドバイス

3歳
4歳
5歳

子どもを成長させる
ほめじょうずになろう

悩み1 ほめ言葉の
バリエーションが少なく、
いつも同じ言葉がけに
なってしまいます。

これで解決！

**よかったところを具体的に
ひとこと添えると◎**

その子のよかったところを、具体的な言葉にしてほめるとよいでしょう。その際、結果だけでなくがんばった過程にも目を向けたり、当たり前にできていることをほめるのもよいでしょう。また、お手伝いをしてくれたときは「先生も助かる」と言葉にすると、人の役に立つ喜びにつながるでしょう。

先輩の声　わたしはこうしています！
**具体的に、言葉と動作で
伝えています**

できたときは「お片づけ最後までできたね」「ズボンひとりではけたね」など具体的な言葉と一緒に、笑顔で拍手をするなど言葉と動作で伝えるようにしています。

これは NG ワード

「すごいね！」
→漠然としていて、その子のよいところが伝わりません。

「〇〇くんよりいいね！」
→ほかの子を基準にするのではなく、過去のその子自身を基準にします。

「(わざとらしく)
じょうず〜！」
→心では思っていないことをほめても、子どもには思ってないことが伝わります。

シーン別

ほめるときの具体的な言葉かけ例

「お花を同じくらいの長さに そろえられたんだね。きれいだね！」

その子がどんなところにこだわって取り組んだのかをよく見て、そこをほめましょう。

「たくさん切れたね。 がんばったね！」

「じょうずかどうか」ではなく、その子が一生懸命がんばった部分を言葉にしましょう。

「教えてくれて先生うれしい！」

失敗したことでも、子どもがそれに向き合えたら、そのことをほめましょう。

「手伝ってくれて ありがとう。 助かったよ！」

手伝ってくれたことについて、率直な気持ちを言葉にしましょう。

具体的にほめるためには、よく観察することが必要です

例を見てもわかる通り、具体的にほめるためにはその子がどこにこだわり、何をがんばったのか、よく見ている必要があります。また、ほかの子や一般的な発達と比べるのではなく、昨日や少し前など、「過去のその子自身」と比べて見てみると、ほめるポイントがわかってくるでしょう。

先生から アドバイス

第1章 大きく成長する3・4・5歳児とのかかわり方

3歳 4歳 5歳

子どもに伝わる しかり方のコツ

Case 1 ブロックで遊んでいたAくんが思うように組み立てられず、イライラしてブロックを投げたら、友だちに当たってしまいました。Aくんにどう対応する？

A ブロックは投げてはいけないと、きつくしかり、ブロックを片付ける

B ブロックは投げてはいけないとしかり、「どうして投げたの？」と理由を聞く

よい対応は **B**

危険な行為は短めにしかり、理由によっては別の方法を一緒に考える

まず、おもちゃは投げるものではないこと、投げると危険であるとしかります。また、「お友だちは痛かったよ」と伝えます。その後、「なぜこの子がその行為に至ったのか」を聞いてその気持ちを理解し、共感したうえで、「投げる」ではなく別の方法がなかったかを一緒に考え、考えたことを約束します。その後、約束したことが守れたときはしっかりほめましょう。

頭に入れておきたい
しかるときに気をつけるポイント

1 しかるべきシーンはしぼる
◆ ものをこわしたとき
◆ 人を傷つけたとき
◆ 暴力的な言葉を使ったとき

先輩の声 わたしはこうしています！

失敗したことについてはしかりません

誰にでも失敗はあるものなので、「あれはダメ」「これはダメ」と完ぺきを求めなくてよいと思っています。

2 短い時間で伝える
だらだらと言わず、その場ですぐに「その行為が○○だからいけない」と短く伝えます。また、前のことを持ち出して「前もこういうことあったよね？」などもやめましょう。

3 よくなかった行為をしかる
しかる際に、人格否定はしないこと。その子が悪いのではなく、その行為がなぜ悪いのかを伝えます。何がどうしていけないのかを具体的に説明するとよいでしょう。

4 個別にしかる
みんなの前でしからずに、本人の所に行って個別に伝えましょう。子どものなかには、しかられている子の姿を見て自分もしかられているような気持になってしまう子もいます。

押さえておきたい **年齢別 しかるときの言葉がけのコツ**

3歳 思いが伝われば落ち着く
保育者が子どもの気持ちを言葉にすれば、切り替えができる年齢。「○○したかったのね。だったらこう言ってみようか」と伝えてみましょう。

4歳 理由がわかれば納得
「なぜなぜ期」ともいわれる4歳児は、「なぜいけないのか」の理由がわかれば納得できる年齢。きちんと言葉にして伝えましょう。

5歳 相手の立場も考えるように
相手の立場もわかる年齢。相手がいることの場合は、「もしあなただったらどう思う？」など聞いてみると自分で気づくことができます。

しかるときは、短く具体的に。

感情のコントロールは大人でもむずかしいもの。子どもが興奮状態のときは、クールダウンするために場所を変えて少し落ち着かせてから、どうしたらよいかを考えるように促します。約束したことをすぐにできなくても、何度もくり返して伝えることで、必ずできるようになります。目の前の子どもを信じましょう。

先生からアドバイス

第1章 大きく成長する3・4・5歳児とのかかわり方

3歳 / 4歳 / 5歳

生活習慣の自立①〈食事・食育〉

仲間との食事を楽しみ、マナーやルールを身につける

Case 1 食事中にふざけて、食事が進まない子がいます。どうすればいい？

A 食事のマナーについて気づかせる

B 食事に興味が出るようなクイズを出す

よい対応は A

食事は楽しい！ と思えるような雰囲気づくりを

「食欲がある」というのは、「食事に興味がある」ということです。ふざけすぎて食が進まない場合は、声をかけて食事のマナーに気づかせることも必要です。保育者が隣に座って仲間と楽しく食べる食事をする習慣をつけていきましょう。

食事に集中できない理由例

ふだんの食事が楽しくない
食事に対するしつけが厳しいなど、食事の場が楽しいものになっていないかもしれません。

おなかがすいていない
体を十分に動かしていない可能性があります。

食材や料理の知識が乏しい
食べものに対する興味・関心が薄いと、食事の楽しさが感じられない場合があります。

悩み1 好き嫌いをする子の偏食を減らしていくにはどうしたらいい？

これで解決！

1 仲よしの子が食べているところを見せる

ひとりでは食べない子も、保育者やお友だちと一緒だと食べることも。特に仲よしの子が食べていると「自分も！」と食べる意欲がわくことが多いです。大人が栄養摂取に注意がいきすぎると「食べること」を強要してしまいがち。そうすると、いっそう食べなくなってしまいます。むりやり食べさせるのはやめましょう。

2 その食材のなりたちを絵本などで見せる

食材そのものに興味を持てるような工夫も有効です。野菜やお弁当を取り上げた絵本を読んだり、一緒に図鑑で見つけてみるなど、できることから実行してみましょう。給食室を見学し、においを感じたり、調理の先生と会話したりするのもよいでしょう。

3 食材を園で栽培する

苗を植えたり水をまいたり……自分たちで食材を育てる体験は、愛情を持って食べる喜びにつながります。園に農園がないとしても、キュウリやナスなどはプランターでも育てられます。

4 少しでも食べたらたくさんほめる

誰でも苦手な食材はあるもの。少しでも食べられたら「がんばったね！」「にんじんさんも喜んでるね！」とたくさんほめましょう。

食材の調理法を話し合うなども、食への興味を育みます。

悩み2 正しいはしの使い方をどうやって身につけさせたらいい？

これで解決！

はしを使う遊びもしながら楽しく習得していきましょう

遊具のなかにはしを用意し、はしでまゆ玉などを左から右のお皿に移すという遊びを取り入れてみましょう。昼食の際に保育者も一緒に食べて、食べはじめにはしの持ち方を伝えます。食事中に頻繁に注意すると、はしの持ち方ばかりに気持ちがいって肝心の食欲がなくなってしまうことがよくあります。家庭とも連携して進めましょう。

＼これもチェック！／
この時期に覚えたい食事のマナー

絵本や紙しばいを活用して、食事の際の基本的なマナーについて知ることから始めましょう

あいさつ
命をいただくことに感謝して「いただきます」、つくってくれた人へ思いを込めて「ごちそうさまでした」をきちんと言えるように。

配膳の基本
ごはん茶わんは左側に、汁ものの器は右側に置く、デザートは奥の左側に置く、食べられる量を器に盛る、など。

食具の使い方
片手でスプーンやフォークを持ち、もう片方の手はお皿に添える、食器やカトラリーで遊ばない、はしを正しく使う、など。

食べるときのふるまい
食べものが口に入っている状態で口を開けない、おしゃべりをしない、背すじを伸ばしてひじをつかない、など。

食育で育みたいこと

1 いのちを大切にする心

私たちは毎日、動植物のいのちを食べて体の栄養にしていることを教えましょう。ここからほかの生き物、他者を大切にする気持ちが育ちます。

2 感謝する気持ち

食事ができるということは、食べ物を育ててくれた生産者の人、運んでくれる業者の人、おいしい料理をつくってくれる人などさまざまな人がかかわっていることを話したり見せたりして伝えます。

3 マナー・社会性

みんなが気持ちよく食べられるようお互いマナーに気を遣ったり、「おいしいね」「何が入っているのかな」などの会話をすることも大切です。食事を通して社会性も身につけていきます。

4 食に対する知識

食べもののなりたちや旬、食文化、調理法やそれによる味のちがいなど、食に関するさまざまな知識を増やしていくことも望まれます。食を通じ地域や家庭に伝わる文化を体感していきます。

5 生活リズム

朝・昼・夜と3度の食事をすることで生活リズムが身につき、体や頭を活発に活動させることができます。

6 健康への関心

体は食べたものからできています。栄養バランスや健康について理解すると、食べものを選ぶ力が身につきます。

食事は心の栄養。生きる力につながります

食育は、体だけでなく心も育てるものだといわれています。食べることは生きること。つまり、食べようとする意志は生きようとする意志につながっているのです。食の体験を通して子どもたちはさまざまなことを学びます。貴重な機会ととらえて、積極的に食育に取り組みたいですね。

先生からアドバイス

第1章 大きく成長する3・4・5歳児とのかかわり方

生活習慣の自立②〈睡眠〉

よい睡眠習慣を家庭と協力してつくる

3歳 4歳 5歳

悩み1 午睡の時間に寝ない子がいます。どうすればいいでしょうか？

午睡のためのチェックリスト

☐ **午前中に体を動かしてたくさん遊んだか？**
十分に体を動かす遊びや運動は、入眠を誘います。

☐ **朝食、昼食をしっかり食べたか？**
おなかがいっぱいになっていれば、横になって静かにしていると、自然と眠くなってきます。

☐ **前の晩の睡眠時間は適切か？**
前の晩の睡眠が足りなかったり多すぎたりすると生活のリズムが乱れ、午睡にも影響があります。

☐ **部屋は暗く、静かになっているか？**
睡眠に適した環境をつくります。

これで解決！

その子の生活スタイルも点検してみて

しばらくは静かに横にならせて、そばに寄り添ってやさしくさすってみましょう。その後しばらく様子を見て、30分くらい経っても眠れなければ、ほかの部屋で自由に遊ぶようにしてもかまいません。午睡しなくてもいいだけの体力がついたのだとみなしてよいでしょう。その子の生活の様子をよく見てみましょう。むりに寝かせる必要はありません。

 先輩の声 わたしはこうしています！

家庭に睡眠の大切さを伝えています

寝かせる時間が遅い、夜の外出が多いなど、生活時間が乱れていると午睡も不安定になることがあるようなのでクラスだよりで「睡眠特集」を組み、子どもにとって睡眠がいかに大切かを伝えました。保護者に個別に話したわけではありませんが十分な眠りを確保するように気づいてくれました。

[5歳児]

午睡の時間を減らしていくときのポイント

1 就学3カ月前までに午睡を卒業！

就学後の生活を想定して、小学生になる3カ月前には午睡を卒業するようにしましょう。午睡の時間をじょじょに減らして慣らすとむりがありません。午睡なしでも体力がもつよう、なるべく早く寝かせるなど保護者の協力も大切です。手紙やクラスだよりなどを通じて伝えましょう。

2 食事のあとに休息の時間を設ける

昼食のあとすぐに体を動かすと消化によくないので、午睡をなくしたとしても食後30分程度は座ってじっくりと取り組む「静の活動」をするとよいでしょう。

3 眠そうにしているのに「眠くない」という子に注意！

疲れやすい子は、はじめのうちは午睡してもかまいません。「4歳さんのところ（4歳児クラスの部屋）で一緒に寝る？」などと聞いてみましょう。眠そうにしているのに寝ようとしない場合は、フラフラと歩きまわるため、ケガにつながる危ないことがないよう、気をつけて見るようにしましょう。

よい睡眠の習慣は家庭との協力でつくられます

睡眠や生活のリズムの乱れを正すには、家庭との連携が欠かせません。とはいえ、その家庭だけに「早く寝かせてください」と伝えるのは得策ではありません。クラスだよりなどを通じて「睡眠の大切さ」を知らせるなど、保護者が自ら生活リズムを改善していこうと思えるように情報発信しましょう。

先生からアドバイス

3歳 / 4歳 / 5歳

生活習慣の自立③〈排泄〉
パンツへの移行からトイレの使い方まで少しずつ

Case 1 おむつをはいている子のパンツへの移行はいつからがよい？

A 排尿の間隔があいていたらすぐに始める

B おもらししなくなったら

よい対応は

家庭と連携して、積極的に取り組もう

子どもの様子をよく見て排尿の間隔があいていたら、保護者の了承を得てトイレトレーニングを始めましょう。また4歳を過ぎても排尿の間隔が短く、頻繁におもらしがある場合は、過活動膀胱（かかつどうぼうこう）などの病気も考えられるので、園で情報を共有し受診をすすめることもあります。

先輩の声 わたしはこうしています！

トイレトレーニングに関する掲示物を作成

トイレトレーニングは、家庭との連携が大切です。そのため、各家庭でも実行できるよう、保護者の方に見ていただくための掲示物を保育室の入り口付近に掲示しています。

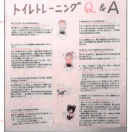

> 知っておきたい

排泄・トイレトレーニングのポイント

1 排泄の自立のめやすを見極める

❶ 尿意を感じてもしばらくの間はがまんできる
❷ 自分でトイレに行って用を足せる
❸ あと始末や環境配慮までできる

トイレで用が足せるようになること、そして自分で拭き、流して手を洗い、スリッパを整える……という環境配慮までを含めて、「排泄の自立」だということを認識し、援助しましょう。

2 尿意を感じたら保育者に伝えることを約束

「おしっこしたくなったら、出る前に先生に教えてね」と事前に伝えておきます。また、次の活動に移る前に「次は〇〇の活動だからトイレに行っておこう」と促しましょう。

3 排尿の間隔が2時間以上あく

排尿の間隔が2時間以上あけば、膀胱に尿がためられる体の準備が整ったということ。本格的な「おむつ外し」のタイミングです。大人がサポートしながら、排泄の自立を目指していきます。

年齢別排泄の自立のポイント

3歳

「ぬれても大丈夫だよ」と声をかける

自尊心が芽生える時期なので、プライドを傷つけないよう配慮が必要です。おもらししてしまっても「大丈夫だよ、着替えてさっぱりしようね」とやさしく声をかけましょう。

4歳

自分で正しく拭けるようになる

ひとりでトイレに行って、自分で拭いて始末ができるようになっていきます。正しい拭き方やトイレの使い方(終わったあとは必ず流す、など)を教えましょう。

5歳

先を見通して、自らトイレに行く習慣をつける

活動の前に自分でトイレに行く、など生活の見通しを持って行動するようになります。ドアをノックする、終わったあとはスリッパをそろえるなどのマナーも身につけましょう。

保護者に個人差があることを伝え、ゆったりかまえてもらいましょう

保護者がトイレトレーニングを気にしすぎていると、それが子どものストレスになってうまくいかないことがあります。個人差があることを伝え、あまり神経質にならず「ぬれても大丈夫だよ」と言ってあげてください、と伝えましょう。ゆったりとかまえているとうまく進んだ、いう子どもも少なくありません。

> 先生からアドバイス

3歳
4歳
5歳

生活習慣の自立④〈着脱・清潔〉

身だしなみや清潔の大切さを理解させよう

Case 1 ひとりで着替えられたけどボタンがずれている。直すべき？

A まちがいを指摘してやり直させる

B できたことの満足感を大切にしてそのままにする

よい対応は **A**

正しくできるまで根気よく向き合おう

ちがっているものはしっかりと伝えることが大事です。まずは「自分で全部とめられたんだね！」とがんばったことを評価したうえで、「あれ、ここがちょっとちがうかな？」と気づかせます。それから「一緒に直してみようか？」と声をかけ、正しくできるまで根気よく手助けしましょう。

押さえておきたい

年齢別着脱の自立のポイント

3歳 視覚で順序を伝える
写真などを使って着脱の順序を視覚で伝えます。左右、表裏、前後などもくり返し伝えましょう。

4歳 苦手なところをフォロー
ひとりで着脱できても、行き届かない部分も。その子が苦手なところを見極め、手本を見せて援助します。

5歳 寒暖に応じて自分で調節
暑かったり寒かったりの状況に応じて衣服を自分で調節できるようにしていきましょう。

Case 2 手を洗うのが雑になってしまう子にはどんな援助が必要？

 手を取って教えてあげる

 なぜ手洗いが必要か説明する

よい対応は **B**

子ども自身がすすんでできるようやり方と理由を伝えて

なぜ手洗いが必要なのかを、絵本などを通してわかりやすく説明します。ポスターをつくって手洗い場近くに掲示しておくのも◎。手洗いの遊び歌を歌いながらだと、ていねいに洗う練習ができます。子どもが自ら進んでやりたくなるような工夫をしてみましょう。

押さえておきたい

年齢別清潔の自立のポイント

 3歳
手を洗ったらすぐにタオルやペーパータオルで手を拭く習慣を身につけましょう。

 4歳
清潔にする必要性、理由を説明します。年上の子どもの姿を見てあこがれからまねることもあります。

 5歳
手順はしっかりと覚えてきますが、慣れてきて手を抜くことも。きちんとできるよう声をかけましょう。

できないことよりできることを前向きに表現して、自立を促しましょう

まだできないこともたくさんある一方で、いろんなことを自分でできるようになってくる時期です。現時点でできないことよりも「できるようになったこと」をほめる声がけをしましょう。「身のまわりのことを全部自分でできること」を目標に、自信をつけさせながら自立を促しましょう。

先生からアドバイス

見通しをもった生活に導こう

3歳 4歳 5歳

悩み1 いつも眠そうにしていて元気に遊ばない子がいます。正しい生活習慣を身につけてほしいのです。どうすればいい？

これで解決！

睡眠や朝食の大切さを保護者全員に伝える

生活リズムが乱れている場合は、保護者の協力が必要不可欠です。しかし、家庭によってさまざまな事情があるため、それを理解することも重要です。そのうえで、生活リズムを整えることがいかに重要かをクラスだよりや保護者会などを通じてクラス全体に根気よく伝え、できることからひとつずつ改善案を提案していきましょう。

先輩の声 わたしはこうしています！

入り口に「できた」シールを貼る

「朝ごはんを食べた」「早寝早起きした」など、できたらシールを貼るようにしています。保育室の入り口付近に掲示しているので、保護者にもよい刺激になっているようです。

悩み 2 遊びの時間が終わっても「もっと遊びたい！」という子がいて、予定していた活動ができないことがあります。

これで解決！ 朝の準備を見直し、遊びの時間を確保しよう

朝の準備に時間がかかって遊びの時間を十分にとれないと、子どもは遊び足りないと感じることがあります。どの順番で何を準備するのかまだ慣れていない子には、視覚で理解できるよう、掲示物やカードをつくってみるのもよいでしょう。遊びたかった気持ちを理解し続きがいつできるかを伝えておくとよいです。

これも大事！

1 あらかじめ時間を伝えておく

見通しをもって生活するためには、時間感覚を身につけるのも大切です。時計がまだ読めない子には「長い針が6のところにきたら」などと伝えると◎。

2 活動の合間で時間のかかっていることを見直す

さんぽの準備や着替えなど、活動の合間で時間がかかっていることを見直しましょう。子ども自身でスムーズにできる方法を考えると、子どもの自立への促進にもなります。

家庭と連携して、子どもの24時間を支えましょう

子どもの育ちには、24時間の連動が大切です。そのためには、園と保護者との連携が何より求められています。園でだけ、家庭でだけ、ではなく、それぞれの活動を連動させられるよう、日ごろから保護者と信頼関係を築いておきましょう。

先生からアドバイス

3歳
4歳
5歳

配慮が必要な子への対応はひとりで抱えず、慎重に

悩み1 集団で行動するときに、いつもはぐれてしまう子が。どう対処したらいいでしょうか？

これで解決！

決めつけたり、その子の行動を否定的にとらえないようにしよう

4歳ぐらいまでの発達には個人差があります。保育者とは、「困った子」と否定的にとらえるではなく、その子が「何に困っているのか？」を見つけ、わかりやすい言葉で伝えたり、一緒にやってみたりして、その子に合った形で集団のなかに入って活動できるようにサポートしましょう。

気になる子がいたら……

1 同僚と意見交換し、その子の気持ちを推し量る

その子の気持ちや動機を考えることが大切。担任だけが悩むのではなく、ケース会議などを利用して、職員みんなで考えていくことも必要です。

2 発達面での心配があると思ったらクラスリーダーや園長に相談を

自分だけで判断せず、まずクラスリーダーや園長に相談しましょう。そのうえで、保護者に伝えるかどうかを園で判断します。保護者に伝える場合は、デリケートなことなので、主任と一緒に面談しましょう。その子のよい面も伝え、その子が困っていることを解決するため、というスタンスで話します。

悩み2 体に不自然なあざのある子がいます。「どうしたの？」と聞いても答えません。

これで解決！

虐待を察知したら、クラスリーダーに相談を

保育者が子どもに対する保護者の虐待を察知したら、園は児童相談所や都道府県の福祉事務所など、しかるべき機関に通知する義務があります。ケガの状態や子どもの園での様子、登降園時の保護者との関係をよく見て、疑いがある場合は上司に報告しましょう。

園
↓ 通告
児童相談所
または
都道府県の福祉事務所
各市町村の福祉担当

これもチェック！ もしかして虐待のサインかも？

保護者が日ごろから手をあげている
登園・降園時に、言うことを聞かない子どもに保護者が手をあげていると要注意です。

不自然な傷が多い
着替えなどの際にさりげなく全身をチェックしましょう。

衣服や体が清潔でない
何日も同じ服を着たり、お風呂に入っていないようだとネグレクトの可能性があります。

食事に固執するまたは食べたがらない
家庭で十分に食事を与えられていない可能性があります。

徘徊する
徘徊は、耐えがたい思いのある表れの場合があります。

人とかかわらず冷たい目をする、無表情
人に対して不信感があり、人とうまくかかわれない状態です。

子どもの利益を最優先に考えましょう

心配に思う子がいれば、その子にとって何が最善かを考えてから行動するようにしましょう。保護者から相談があった場合や虐待が疑われる家庭には、園で情報を共有して保護者と話す担当を決めるとよいでしょう。

先生からアドバイス

第1章 大きく成長する3・4・5歳児とのかかわり方

保育者の心がまえ チェックリスト

保育者としてはたらくうえで、子どもの人権を尊重することが第一です。無意識のうちに子どもを傷つけていないかなど、常に心がけておきたい事項は、ときどき振り返ってチェックするとよいでしょう。リーダーなど第三者にチェックしてもらうことも重要です。△や×をつけた場合は、その理由と今後に気をつけたいことを書きとめておくと、保育の質の向上に役立ちます。

はい ➡ ○　　いいえ ➡ ×　　どちらともいえない ➡ △

日付　年　月　日

No	項目	本人チェック	リーダーチェック
1	子どもの性差や個人差にも留意しながら、固定的な性別役割分業意識を植えつけることのないように配慮していますか？		
2	日ごろから、子どもに身体的苦痛を与えたり、人格を辱めるなど精神的苦痛を与えることがないようにしていますか？		
3	さまざまな特徴（障害も含め）を持つ子も、持たない子も、一人ひとりのありのままの姿を受け止め、地域のすべての子どもが健やかに成長することを願って保育をしていますか？		
4	子どもの家庭状況は多様だという考えのうえで、今、その子に何が必要かを見極め、それぞれにとって適切な援助をしていますか？		
5	子どもが熱中しているときは、そのときの保育の内容や流れに変更が生じても、危険のない限り、その活動を見守るなどの柔軟性を持っていますか？		
6	日ごろから、子どもと一緒に思いきり体を動かして遊ぶことの重要性を理解し、楽しんでいますか？		
7	一人ひとりの子どもに目が行き届いていたか振り返り、これからの保育の課題を見つけることができますか？		
8	子どもの名前を呼び捨てにせず、「さん」や「くん」をつけて声をかけていますか？		
9	子どもがおもちゃの取り合いなどでぶつかり合うとき、危険のないよう配慮しつつ、子どもの発達の程度や心の動きを考えながらしばらく見守ることができますか？		
10	「おや、何だろう？」「これで遊ぼう」と好奇心や興味を引き起こす教材や素材、場を用意する心配りをしていますか？		
11	子どもと会話するときに、その子の目線に合わせて話をゆっくり聞いて、子どもの話したい気持ちや伝わった喜びを共感していますか？		
12	子どもに「絵本を読んで」「遊んで」と言われたときに、場面に応じて「待って」と言った場合でもその理由を伝え、その子の気持ちに応えていますか？		
13	「嫌だ」と言う子どもの内面に配慮しながら、その子の気持ちを肯定的な方向に向けるようにしていますか？		
14	自分の思い通りにならず、怒ったり泣いたりする子どもに対して、ていねいに話して聞かせたり、気持ちを切り替える時間を取り、ゆったりと待つことができていますか？		
15	「早くしなさい」「ダメ」「いけません」など指示、命令する言葉や禁止語を、できるだけ使わないようにしていますか？		
16	子どもに言い聞かせるときは、問い詰めたり、押しつけたりせず、子どもが自ら考えるきっかけになるようなわかりやすい言葉を使っていますか？		
17	危険が生じ、しからなければならない場面でも、感情的にならず、端的にいけないことを伝え、本人にも考えさせるような対応を心がけていますか？		
18	乱暴な言葉遣いをせず、正しい言葉を使って子どもの手本になっていますか？		
19	子どもからの問いかけや言葉に対して無視をせず、しっかりと受け止めたり、忙しいときはその理由を説明していつ聞けるのかなどを子どもに伝え、約束を守っていますか？		
20	保育のなかで、子どもをからかうような言動はしていませんか？　また、子どもの前でその子や保護者、きょうだいを批判する言葉を使っていませんか？		

第2章

遊びのなかで いろいろな体験を

3歳 4歳 5歳
子どもたちが何に興味を持っているか観察しよう

遊びは学びの芽生え。学ぶ意欲を育てよう

遊びは子どもの成長にとって欠かせないものです。五感をはたらかせながら夢中で遊ぶことで、「自分はこんなことができる力を持っている」ということを経験し、遊びを通して自己肯定感が育まれていきます。夢中で遊ぶためには、自分のやりたい遊びが十分にできる環境が大切です。子どもたちが何を知りたい、やってみたい、と思っているのか、日ごろからよく観察し、そのときそのときの興味・関心を実現できるようにしましょう。そして、その遊びのなかに「学びの芽生え」があることを意識して、気づく力、考える力を伸ばしていきましょう。

先輩の声

夢中になっているときは、目の輝きがちがいます

ワクワク、ドキドキ、楽しい！と感じているとき、脳が活発に発達しています

遊びは子どもの成長・発達にとって欠かせない要素のひとつです

子どもとどうやって遊んだらよいかわかりません。

第2章 遊びのなかでいろいろな体験をさせよう

これで解決！ ねらいをしっかり決め、計画を立ててみよう

「子どもたちにどんな経験をさせたいか？」を、ふたつの観点から考えてみましょう。ひとつ目は、子どもの成長過程に合わせた経験です。言葉やコミュニケーション、友だち関係、そして運動能力……心も体も著しく成長していくこの時期だからこそ、子どもの願いと保育者の願いを重ね合わせて「この時期に経験してほしい」ことに対してねらいをしっかりと決め、計画を立てましょう。

もうひとつは、季節や社会事象に合わせた経験です。落ち葉拾いや水遊びなど四季を体験する遊びは、そのときだからこそできる遊びです。また、オリンピックなど社会全体が関心を持っていることがある時期には、関連した遊びを展開するのもよいでしょう。

子どもは自ら遊びだす力を持っています。遊びは保育者が与えるものではありません

すべての子どもには「興味・関心・好奇心」があり、それに従って自ら遊びだす力を持っています。与えられた遊びではなく、自分自身で選びながら「こんなことが好きだな」と経験していくことが、個性の発見にもつながってくるのです。

先生からアドバイス

3歳 4歳 5歳

遊びに必要な「間」を準備！
——「時間」「仲間」「空間」

悩み1 子どもが遊びに夢中になれる環境構成とはどんなものでしょうか？

これで解決！

1 「時間」……遊びがこまぎれにならないようたっぷり時間を取ろう

子どもにとって大切なのは、夢中になって「遊び込むこと」です。遊びの時間が短いと、夢中になったところで中断されてしまい、満足感が得られません。たっぷり時間を確保しましょう。

2 「仲間」……友だちと共感し合ったり、葛藤を経験する仲立ちをしよう

幼児期の遊びには、人と人とのつながりづくりが大切です。誰かと共感する喜びを体験したり、思いのちがいによる葛藤を経験して折り合いをつけられるようになっていくために、保育者がじょうずに仲立ちをしましょう。

③ 「空間」……子どもたちが遊び込める環境をつくって遊びを広げて

まずは、なるべくひとつの遊びに集中できるよう、コーナーをつくって空間を分けましょう。同時に、既存の遊びだけでなく子どもたちが自由な発想で遊びを広げたり、偶然交じり合ったりするような空間の工夫も重要です。
また、子どもが「今日の続きを明日もやりたい」と望んだ場合、柵でしきり、名札をつけて誰のものかわかるようにするなど、「遊びの続きができる空間」を用意して、子どもの遊びが連続していくような環境も考えてみましょう。

年齢別 遊び援助のポイント

3歳　平行遊びがあるがひとりで遊び込む時間も必要

まだひとり遊びが必要な時期。平行遊びが見られますが、同じコーナーにいるからといって、むりに一緒に遊ばせようとする必要はありません。

4歳　ルールのある遊びができるようになる

遊びのなかに「自由と規律」という意識が芽生えてくるため、ルールのある遊びができるようになってきます。

5歳　自分たちで考えたルールを加えて楽しむ

自分たちで何とかしたい、しようとする年齢なので、遊び方をわかりやすく伝えたあと、子どもたちとルールをアレンジするのもよいでしょう。

子どもが「やってみたい!」と思うタイミングが、もっともいろいろなことを吸収できるとき

子どもの興味・関心に応じて、「やってみたい」「知りたい」と思ったときに、自分でためしてみたり調べてみたりできる環境が求められます。

子どもは遊びのなかでさまざまなものに対して興味を持って深めていきます。その過程での一つひとつの発見や気づきを大切に受け止め、共感しましょう

先生からアドバイス

自由遊びと一斉活動、それぞれのよさを生かそう

Case 1 自由遊びのときに保育者とばかり遊びたがる子がいます。友だちと遊べるようになってほしいのですが……。

A 気の合いそうな子とペアになる機会をつくる

B 「〇〇ちゃんを仲間に入れてあげて」とほかの子にお願いする

よい対応は **A**

共通の話題のある子と仲よくなるように援助しよう

いきなり大勢と遊ばせようとするのではなく、少人数から始めましょう。まずは共通の話題がある気の合いそうな子を見つけてあげて、一緒に遊べるよう援助します。段階を見て、ほかのグループと合流させるとよいでしょう。

Case 2 一斉活動で活動テーマとちがうことをやりはじめる子がいます。注意すべき？

A やさしく話しかけて一斉活動に促す

B ほかの子のじゃまをしなければ、そのままやりたいことをやらせる

よい対応は **A**

なぜその遊びをしたがらないのか？ を探ったうえで、活動に参加できるように促そう

3歳児には、「先生と一緒にやってみようか？」と声をかけてみましょう。4、5歳児には、「どうしてやりたくないの？」とまず理由を聞いてみたうえで、解決策を探り、その活動を楽しめるような工夫を考えていきましょう。そうすることを伝えて、「今日はこれをやってみようね」と促していきましょう。

ひとり遊びも集団での一斉活動もどちらも大切です

自分の好きなことに熱中して思いきり遊び込む自由遊びも、意図を持ってみんなで取り組む一斉活動も、どちらも子どもの成長に欠かせないものです。子どもたちの得意なことだけ、もしくは不得意なことだけに偏って取り組ませることにならないよう、配慮することも大切です。

先生からアドバイス

Case 3　そろそろ一斉活動の時間なのにひとり遊びに熱中している子がいます。どうすればいい？

A 一斉活動に誘うが、本人の意志を尊重する

B 時間なので終わりにするように言う

よい対応は **A**

子どもの気持ちを大切にし、根気よく誘い続けよう

まず今その子が一生懸命取り組んでいることを認めましょう。その後「今、みんなで〇〇遊びをするのだけど、〇〇ちゃんも一緒にやってみる？」と声をかけ、ひとり遊びに夢中なときはそれをやり終えてから参加してよいことを伝えます。その後、やり終えたタイミングを見計らって再び声をかけましょう。4歳児以降は、続きがいつできるか、今は皆と〇〇するときであることを伝えて、切り替えてもらうのがよいでしょう。

先輩の声　わたしはこうしています！

5歳児クラスでは、誰かが興味を持ったことにクラス全員で取り組みます

個々の探求心や好奇心が深まってくる5歳児は、話し合いの場などを利用して、個の学びから集団の学びへとつながるよう工夫しています！

年齢別

遊びの援助のコツ

3歳 子どもの反応を予測し、少し興味がなくなったところでその先へ展開する

ある程度は保育者が子どもの遊びの先読みをして、タイミングを見ながらひとつずつ順を追って、発展した遊びを提供していきます。ひとつ前の遊びに少し興味・関心がなくなってきたかな？と思ったあたりで次の段階に進むと、そのつど、遊びの深まりや驚きに出合うことができます。

「次はこれをやってみたらどうかな？」

4歳 工夫したところを友だちの前で発表させる

できなかったことができるようになった子や成果が得られた子は、帰りの会などで上達した理由や工夫したところなどをクラスのみんなの前で発表してもらうと、自信につながります。他児の遊びのヒントにもなります。

5歳 役割分担をしながら共同でひとつのことを成しとげる計画を

まず全員が自分の役割に納得できるよう、子ども自身に決めさせるとよいでしょう。遊びが継続的になるので、子どもたちの発言を模造紙に書いて貼っておくと、子どもは自分の意見が認められた思いを持つことができ、昨日はこういう意見が出たけれど、続きを……と進めることもできます。

「秘密基地をつくりたいな！」

子どもたちの言葉を大切にし、それぞれの関心に合わせた環境を準備しましょう

子どもたちの「つぶやき」や「問い」を拾い上げ、それぞれの興味・関心に合わせた環境を準備していきましょう。時間を十分に確保して、何度もくり返し触れたり、見たり、ためしたり、調べたりすることで、探求心や好奇心を育むことができます。

先生からアドバイス

3歳
4歳
5歳

遊びを発展させていく工夫をしよう

Case 1

車のおもちゃで遊んでいますが、まわりをキョロキョロ見ていて集中していない様子。何と声をかける？

A　「次は○○をやってみる？」と別の遊びに誘う

B　「車でドライブに行こうか？」と廃材などで道路をつくり、一緒に遊ぶ

よい対応は **B**

遊びに連続性を持たせて発展させよう

車に興味がある子なら、「車」というキーワードから子どもの思いや経験を会話のなかから引きだし、廃材などで道路や信号、家などの環境を一緒につくることで、遊びを広げてみましょう。そのほかいろいろなアプローチがあります。遊びに連続性を持たせ、さまざまな経験につなげましょう。

遊びを発展させるPDCAも大切に！

Plan プラン：計画
子どもの現在の姿と、こうなってほしいというねらいから、遊びの内容を設定します

Do ドゥー：実行
遊びを実行します

Check チェック：振り返り
子どもにとって楽しかったか、保育者のねらい通り実行できたかを振り返ります

Action アクション：行動
環境構成と援助で問題点があれば改善して、再度実行します

3歳 色水遊び発展例

4/8 パンジーの枯れた花を摘んでいたところ、Uちゃんが手に色がついたことを訴えてきた

「きれいな色だね！水につけてみようか？」

袋の上からもみもみ

↓

クラス中に広まる

4/18 空きペットボトルに色水を入れた「お花のジュースやさんごっこ」が始まる

どっちがいいかな？

↓

4/26 赤かぶで色水を作ろうとしたら色は出ず、変な臭いがした

嗅覚を刺激

5/9 色水を使ってめん棒で絵を描いた

↓

5/16 重曹を入れると泡が立ちシュワシュワと音がした

音を楽しむ

↓

5/27〜6/20 飲める色水があることを知る（ハーブティー／野菜ジュース）

↓

8/12 朝顔はあまり色が出なかったため、押し花にしてキーホルダーにした

↓

9/1 たたき染めに挑戦する

子どもたちが自ら遊びだす アクティブラーニングの姿勢を育みましょう

子どもが持っている知的好奇心が刺激されれば、どんな子でも自ら遊びだし、学びだすものです。これが「アクティブラーニング」（主体的・対話的な学び）です。保育者は、目の前の子どもの姿を見て、子どもの思いを受け止めてその興味・関心に向き合いながら、遊びを次の展開へと導くことが大切です。

先生からアドバイス

第2章 遊びのなかでいろいろな体験をさせよう

チャレンジが大好き！
な気持を引きだす

Case 1
なわとびがとべずに落ち込んでいる子がいます。何と声をかける？

A できない理由を教える

B 「今ここまでできたから、次はここだね」とできたところをほめる

よい対応は **B**

スモールステップで小さな達成感を積み重ねる

できなかったことではなく、できたことに注目しましょう。なわとびなら「手をまわしてなわを前に持ってくる」「タイミングを合わせてジャンプする」「なわをとび越える」というステップに分けられます。どれかひとつでもできていれば、まずはそれをほめましょう。そして、「次はジャンプできるよ」と次の段階へ進めるよう声をかけましょう。

これは NG ワード

×**欠点を指摘する**
「○○がダメだよ」という言い方は自信喪失につながります

×**友だちと比べる**
「△くんはできるようになったよ」と友だちと比べるのではなく、過去のその子自身と比べるようにしましょう

チャレンジ精神を育むおすすめの遊び

3〜5歳　なわとび

とぶタイミングやなわのまわし方のコツを援助し、できるようになったところで子どもたちに任せます。〇回とべるようになったら〇印、など個々で目標を決めて、カードをつくってチェックしていくなど成果が見える形にするといいでしょう。

3〜5歳　積み木・ねんど・工作

集団で役割分担をし大きなものをつくりあげたり、ひとりで遊び込んで想像力を育てたり、さまざまに遊べます。写真を撮って部屋に貼っていくと成果が見やすいです。また、工夫をしたところなどをときどき発表し合うとよいでしょう。

5歳　水泳・ランニング・山登り

泳ぐこと、走ることによって、脳などの神経系の発達を促します。また、山道や水のなかでは体を動かさないと身の危険にさらされることを知り、「自分の身を守る」ことを覚えます。これが生きる力を育みます。

5歳　劇遊び・楽器遊び

集団で発表するような友だちと一緒にがんばる経験を行うことは、協調性や挑戦意欲を高めます。子どもたちと一緒に考えながら取り組むことが重要です。

子どもが持っている興味・関心・好奇心を引きだしましょう

子どもは誰もが「興味・関心・好奇心」を持っています。それ引きだすことで「もっと挑戦したい」という意欲がわき起こってきます。それは、子どもの成長につながる大きな力になります。子どもが自信を持ってチャレンジできるよう声かけや援助を行いましょう。

先生からアドバイス

`3歳` `4歳` `5歳`

室内での遊びはじっくり遊べる手助けを

Case 1 室内遊びのコーナーは、どう分けたらよい？

A ひとつの遊びに集中できるようにきっちり分ける

B 新しい遊びが生まれるように余裕を持って分ける

よい対応は **B**

自由な発想で遊べる空間もつくろう

集中して遊んでいる子のじゃまにならないようコーナーを分けることは大切ですが、きっちりと分けるのではなく、いくつかの遊びを組み合わせて新しい遊びが生まれるよう、余裕を持って分けるようにしましょう。別のクラスや異年齢の子どもたちが交じって遊べる環境もよいでしょう。異年齢から刺激をもらって、遊ぶ力がステップアップします。

室内遊びが発展する環境構成

1 子どもが今はまっている遊びの続きができるコーナーをつくる

保育では「今日の続きを明日できる」という「連続性」が大切です。その日その日でぶつ切りにするのではなく、続きができるよう工夫しましょう。

2 見える場所に材料や道具を置いておく

遊びたいときに遊べることが大切なので、どこに何があるかひと目でわかるようにしましょう。はさみや木材など、危険なものは保育者が管理を。

3 遊びでつくったものを壁に掲示する

工作やブロックでつくった作品を写真に撮り、掲示することでその子の自信につながるだけでなく、ほかの子への刺激やヒントにもなります。

4 文字や数に興味がわくようなものも盛り込む

文字や数にも興味を持つ時期です。手紙を書くための「お手紙コーナー」や、栽培した野菜など収穫物の数を数える場所などを確保しておくとよいでしょう。

3歳 / 4歳 / 5歳

見立て遊び・ごっこ遊びは子どもの関心に合わせる

見立て遊びとは？

木の枝をスプーンの代わりにして遊んだり、積み木を携帯電話に見立てて耳にあてるなど、実際には目の前にないものをあるように想像して遊ぶこと。イメージする力がはたらく1歳過ぎごろから見られるようになります。

ごっこ遊びとは？

見立て遊びが発展し、「設定」が加わったものがごっこ遊びです。お医者さん、お母さん、テレビのヒーローなど自ら設定をしてなりきったり、小道具もじょうずに使うようになります。2〜3歳ごろから活発になります。

イメージを共有し、一緒に盛り上げていくことが重要

一方が他方に役割を強要したり押しつけたりするのではなく、相手のしたい気持ちを受け入れる応答的な人間関係が成立することが大切です。保育者は、子どもどうしがイメージや設定を共有して遊びを展開できるように援助し、ときには会話のなかに入って盛り上げたり、子どもどうしで会話が始まったところで少し引いて見守ることが求められます。

Aちゃんはお母さんでBちゃんはペットなのね。今はお昼ごはんを食べるところなんだね

見立て遊び・ごっこ遊びの援助のポイント

1 会話が途切れたところで仲間に入る

会話が成立しているときは見守り、会話が途切れてきたところで「仲間に入れて」など声をかけて仲間に入り、きっかけを広げていきます。盛り上がってきたらそっとその場を離れましょう。

2 材料は園にあるものでOK

子どもはどんなものにも想像力をはたらかせて見立てていくので、遊びのために高価な道具を用意する必要はありません。自然物や廃材で十分です。

3 まねをする遊びも大切

テレビのヒーローなどのまねをする遊びも大切です。まねをしたいというのは、相手に関心やあこがれを持っていることの表れ。まねをすることからさまざまなことを学んでいくでしょう。

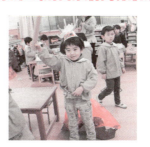

人間関係や社会関係を表現する遊びができるのは幼児ならでは。おもしろさを共有して

ごっこ遊びは、日常の模倣と人間関係の中で成立します。子どもたちが大好きな「おままごと」では、お母さんやペットなどの役になりきる子どもたちの姿から家庭での様子が垣間見える部分があり、微笑ましかったり驚いたりすることがよくあります。そんな幼児ならではのおもしろさを共有しましょう。

先生からアドバイス

お絵描きなど表現力を育む遊び

 運動会の絵を描くときに、描きはじめない子がいます。どう援助したらよい？

 運動会で何が楽しかったかを聞く

 友だちの絵を見てまわり、描きたいものを探す

よい対応は **A**

テーマについて会話をして描きたい場面を引きだそう

行事等の体験の絵を描くときは、まずは振り返って言葉にしてみてから表現に入るとよいでしょう。印象に残っているシーンやおもしろかったシーンは何かという問いかけに答えてもらってから描いてもらいましょう。

 運動会で何がいちばん楽しかった？ リレー → リレーのどこが楽しかったかな？ バトンを渡すところ → どうやって渡したの？ …… → ○○ちゃん、『はい』って大きな声で渡していたよね。かっこよかったよ～ うん

Case 2 テーマとちがうものを描いてしまったら？

A 「今は〇〇を描いてね」と注意する

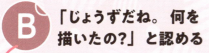
B 「じょうずだね。何を描いたの?」と認める

よい対応は B

まずは何を描いたのか聞こう

たとえば「運動会」というテーマでバナナの絵を描いていたら、大人は「テーマとちがう」と思うかもしれません。しかし、子どもに話を聞いてみたら「運動会のお昼に食べたバナナ」を描いたと言うかもしれません。掲示したり、保護者に渡す場合は、子どもの言った内容を絵に書き添えるとよいでしょう。

年齢別 表現活動援助のポイント

3歳 説明が伝わらないことも多い
イメージして描くのはまだむずかしい時期です。お題は「もの」や「〇〇のお顔」など、シンプルなものにするとよいでしょう。

4歳 言葉で想像をふくらませる
全員で話しながら体験を思い出し、「玉入れ」「リレー」など細かいシーンごとにグループ分けして、お題に沿った絵を描くように促します。

5歳 体験したことが描けるようになる
大きなお題をテーマにして、それぞれが体験したことを基に自分でシーンを選び出して、絵にできるようになります。

テーマは子どもにわかりやすく伝えて

発達に合わせたテーマを選ぶことが大切です。そのうえで、子どもがイメージできるよう伝え方を工夫しましょう。テーマとまったく関係ないものを描いていた場合、保育者の意図がうまく伝わっていなかった可能性もあります。どうすればうまく伝わるか、クラス担任の先輩とお絵描き後に検討することも必要です。

先生からアドバイス

第2章 遊びのなかでいろいろな体験をさせよう

手指の発達を促す 製作遊び

3歳 4歳 5歳

悩み 1 製作遊びに興味を示さない子がいます。どうすれば興味を持ってもらえるでしょうか？

これで解決！

結果ではなくプロセスを重視しよう

まずは「なぜ興味がないか」を考えましょう。完成品を見て「むずかしい」と感じてしまったなど、原因があるはずです。つくり方のお手本を見せながら、その子がどこをむずかしいと感じているのか、どこができてどこができていないかを見極めましょう。「できあがる」ことだけを目的とするのではなく、一つひとつのプロセスを達成していくことを重視して、最終的に完成まで導けるとよいでしょう。

先輩の声 わたしはこうしています！

手を動かしているときは見守り、止まったら声をかけます

子どもの手が動き、目も真剣なときは声をかけません。手が止まり、迷いがありそうだったら「どんなふうにしたい？」と聞き、ヒントを出しています。

製作遊びの援助のコツ

1 週単位をめどにしてコーナーを設けて取り組む

「製作する日」をその日1日だけに決めないで、1週間を通してコーナーを設け、興味を示したときにいつでも取り組めるようにします。完成した子の作品を展示すると、子どもが自分の作品を見て、達成感を味わうことができます。

2 苦手な子には手を貸すのではなく、まねをさせる

どこをむずかしいと感じているのかを見極めたら、そのプロセスを隣でやってみせて、まねをさせます。手を貸すのではなく、保育者がよく見せて子どもがまねをしていくことで、じょじょにできるようになります。

3 自由遊びでやらない子は誘って一緒にやる

自由遊びのなかにも「手先、指先を使った遊び」のコーナーを設け、いつでも取り組めるようにします。経験不足から苦手意識を持つこともあるので、あまりやらない子はこういったときに誘って一緒にやるとよいでしょう。

いっしょにやってみない？

手先を使うことは脳の発達にかかわるので、意識的にやらせましょう

先生からアドバイス

「手先は突き出した脳である」（マリア・モンテッソーリ）といわれるほど、手先を器用に使うことは、脳を育てることにつながります。この時期の手先の器用さは、経験の数にも関連しています。手先を使う経験を意図的に増やすようにしましょう。

第2章 遊びのなかでいろいろな体験をさせよう

`3歳` `4歳` `5歳`

日常の活動を生かして劇遊びにつなげる

 劇の練習がはかどりません。もうすぐ生活発表会なので焦ります。

これで解決！

ごっこ遊びからやってみよう

いきなり劇をやるのではなく、ふだんのごっこ遊びから劇遊びに発展させましょう。たとえば『三匹のこぶた』なら、ベンチを木のおうち、ジャングルジムをレンガのおうちなどに見立てて、保育者が狼になって追いかけて遊ぶことから始めます。体で遊ぶことがとても大切なのです。

劇で表現できるようなさまざまな経験を

発表会や運動会などの行事は、日常生活の延長線上にあると考えましょう。特別な日のために練習するのではなく、ふだんの生活を劇として表現できるように保育内容に組み込みます。体験したことのないことをいきなり劇で表現するのは至難の技です。日常生活のなかでいろいろなことをたくさん経験すると、劇でのいきいきとした表現につながるでしょう。

先生からアドバイス

ふだんの遊びから劇遊びへのステップ

① 絵本や紙しばいを読み、子どもたちが気に入ったものをチェック

日ごろから意図を持って絵本や紙しばいを読むようにしましょう。子どもたちの反応がよかったものをチェックしておき、子どもと一緒に劇の題材を選びます。

② 日常の保育の「ごっこ遊び」でたくさん遊ぶ

左ページの内容を参考に、自由遊びのなかで劇遊びの内容に沿ったごっこ遊びをたくさんしてみましょう。遊びを通して役柄の感情を体験できます。

③ 製作遊びで衣装や背景をつくる

かぶりものやマントなど、劇遊びで使う衣装や小道具、背景などを、製作遊びのなかで自分たちでつくってみましょう。劇遊びへの意欲につながります。

④ 劇中で歌う歌を練習する

ストーリーにもつながる劇中歌を歌うことで、楽しい気持ちが盛り上がります。歌の練習に入る前に、もう一度その物語の絵本を読むなどすると、さらによいでしょう。

⑤ 劇遊び

いよいよ劇遊びです。「いつもやっているあの『こぶた遊び』をお母さんお父さんに見せてあげようか？」と声をかけると、子どもたちは大喜びして楽しく取り組めるはずです。

外遊びでは思いきり体を動かせるしかけをしよう

悩み1 砂場での遊びがワンパターンになってしまいます。

これで解決！
事前に山をつくる、水をそばに用意するなど環境設定しだいで遊びが発展します

パターン化しがちな砂場遊びは、保育者の腕の見せどころ。事前に山をつくっておけば、上に登ってみたり、ボールを転がしたり、トンネルを掘るなど、どんどん発展します。

夏ならバケツやたらいに水を用意しておくと、道をつくって水を流したり、水を使って砂を固めたりもできます。砂場にいくつかボールなどおもちゃを隠しておき、子どもたちの前で保育者が「こんなの出てきたよ」と掘りだして見せる宝探しもおすすめです。

悩み2 園庭が狭く、遊びのスペースがかぶってしまいます。

これで解決！

安全面に配慮し、ほかの遊びと重なり合う工夫をする

一つひとつの遊びのスペースを確保することと同時に、お互いの遊びが見えることも、とても大切です。
そのためにも、完全にゾーン分けするのではなく、足こぎ二輪車のコースの中にSケン※ゾーンやタイヤ遊びゾーンを設けるなどしてお互いの遊びが見えるように工夫するとよいでしょう。

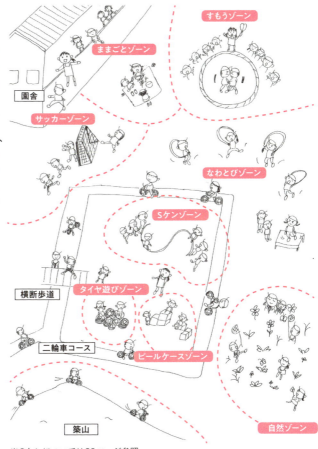

園庭ゾーン分けイラスト例

- ままごとゾーン
- すもうゾーン
- 園舎
- サッカーゾーン
- なわとびゾーン
- Sケンゾーン
- 横断歩道
- タイヤ遊びゾーン
- 二輪車コース
- ビールケースゾーン
- 築山
- 自然ゾーン

ゾーン分けした図を掲示して共有する

どのゾーンで何の遊びをするかを考えて図にして掲示すると、保育者だけでなく子どもたちへの共有にもなります。

※Sケンについては89ページ参照

第2章 遊びのなかでいろいろな体験をさせよう

悩み3 園の外で遊ぶときは、どんなことに気をつけたらいい？

これで解決！

遊び始める前に約束を決め、しっかり伝える

現地に着いたらまず、子どもたちとルールを確認しましょう。先生が立っている範囲のなかで遊ぶ、笛を吹いたら集まる、見えないところには行かない、時計の長い針が〇に来るまであそぶなど、一つひとつ確認していきます。「なぜいけないのか」まで説明できると、納得してより理解が深まるでしょう。

遊びの間は、保育者どうしでポジショニングしながら、危険がないか、目が届かない範囲に出ている子はいないか、注意しながら援助しましょう。

これは NG ワード

公園に着くなり「はーい、遊んでー！」

公園はいろんな人が利用する公共の場所です。「好きに遊んでいいよ」ではほかの利用者に迷惑をかけることにつながります。危険を回避するためにも、必ず事前にルールを確認しましょう。

安全で充実する！
園外保育のコツ

第2章　遊びのなかでいろいろな体験をさせよう

1 初めて行くところは、必ず下見を行う

初めて行く場合は、必ず事前に下見を行いましょう。遊び場や遊具の種類、トイレの場所、時計の有無などを確認しておきます。

2 広い公園などでは、遊んでよいところを子どもと歩く

広い公園で遊ぶ場合は、言葉で説明するだけでなく、使うスペースを子どもと一緒に歩きながら「ここまでだよ」「使ってもいい遊具はこれとこれだよ」などと具体的に説明します。

3 危険なものが落ちていないか確認し、そうじしてから遊ばせる

公園にはガラスの破片やたばこの吸い殻など、危険なものが落ちていることも。ほうきとちりとり、ゴミ袋を持参して、遊びはじめる前に「楽しく遊べるように危ないものがないか見てみるね」とそうじをすると、子どもも安心して遊べます。

園では経験できない遊具や自然の様子に目を向けるなどして安全に遊ばせてあげましょう

園外の公園には、園にはない遊具や園では見られない動植物もあり、子どもたちに経験してほしい出合いがたくさんあります。

しかし、園内と異なる危険もあります。すべての子どもが安全に遊べるよう、注意をはたらかせましょう。

先生からアドバイス

| 3歳 |
| 4歳 |
| 5歳 |

社会の規律を守る力がつく
ルールのある遊び

悩み1 ルールを守って遊べない子がいます。どう援助したらいい？

これで解決！

ルールが理解できているか確認しよう

頭ごなしに「なんで守らないの!?」と問い詰めるのはNG。ルールを守れない子はそもそもルールを理解できていない場合が多いので、まずは友だちの遊びを一緒に見ながら話をするなど、理解につなげて一緒に参加します。わざとルール違反をする子は、本当は一緒に遊びたいのだということを感じ取り、保育者も共に参加して仲間のなかに入れていくことが必要です。

高い所にいる人にはタッチできないよ！

ルールのある遊びを通して、社会でのルールも守れるようになります。

ルールを守ることによって人と心地よく過ごすことができるとわかると、ルールを守ることが楽しくなっていきます。そして、遊びのルールを守ることが生活や社会のルールを守ることにつながっていくのです。幼児期にルールがある遊びをたっぷりと体験できると、成長してからもルールを守ることができる人に育つでしょう。

先生からアドバイス

年齢別

おすすめのルールのある遊び

3歳

かんたんなルールのものから始めます。保育者が一緒に仲間に入り、ルールを伝えながら行っていきます。

- ◆ おすもうごっこ
- ◆ しっぽとり
- ◆ かごめかごめ
- ◆ だるまさんがころんだ

4歳

遊びはじめる前に遊び方とそのルールの説明をわかりやすく行い、最初は一緒に行いながら、子どもたちだけで遊びが成立するようになったところでタイミングを見て保育者は抜けます。

- ◆ 鬼ごっこ　◆ 花いちもんめ
- ◆ かげふみ鬼　◆ 高鬼
- ◆ あぶくたったにえたった
- ◆ 円形ドッジボール

5歳

4歳同様、遊びの方法やルールをわかりやすく伝えてから始めます。この年齢では、ルールを子どもたちと一緒に考えて加えていくのもよいでしょう。

4歳の遊びに加えて
- ◆ Sケン　◆ かくれんぼ
- ◆ 缶けり　◆ ドッジボール

Sケン……地面にS字を書き、カーブの内側を各々の陣地、外側をケンケンで移動するエリアとし、2チームで陣地内の宝物を奪い合う遊び。

命を大切にする気持ちを育てる<u>自然に触れる遊び</u>

3歳
4歳
5歳

悩み 1 生きものに興味を示さない子がいます。どうやったら興味を持てるようになりますか？

これで解決！

図鑑や紙しばいなど、絵からアプローチしよう

まずは生きものがたくさん出てくる絵本や紙しばいを一緒に読みます。読みながら「〇〇くんと同じようにごはんを食べたりお昼寝したりするんだね」と声をかけるとよいでしょう。
その生きものをさんぽで見かけたときには「この前読んだ絵本と同じだね」などと声をかけ、少しずつ生きものの存在を身近なものにしていきます。

先輩の声
わたしはこうしています！

「一緒に見よう」と言い、気持ちを共有する
興味が持てるよう「一緒に見てみよう」と声をかけ、「かわいいね」「こわいね」など、その子の言葉に共感して気持ちを共有するようにしています。

先輩の声
わたしはこうしています！

図鑑、ぬり絵をきっかけにしています
実物を見ない、触れない子には図鑑を利用したり、絵を描いたりぬり絵をするなど、きっかけをつくって少しずつ興味を持つよう誘っています。

子どもの心が育つ 自然に触れる遊び

飼育

3歳　"マイ虫かご"でそれぞれ採取・観察

ひとりずつ虫かごを用意し、思い思いに採取して観察します。飼育はむずかしいので夕方には逃がすか、少数を保育者と一緒に飼育しましょう。

4歳　グループで飼育する

グループで飼育します。図鑑を用いてみんなで調べてエサなどを用意したり、いろいろと考えて育てようとするので、子どもたちの調べたことが実現できるような環境の準備をしていきましょう。

5歳　クラス全体で大きなケースで飼育する

全体で大きな飼育ケースでの飼育に挑戦してみましょう。役割分担をして、チェック表などをつくり、やったことは○をつけるなど、目で見てわかるようにするとよいでしょう。

栽培

生長の過程を楽しみ、育てる喜びを知る

畑やプランターを利用して種まき、苗植えをします。バケツを利用した"マイ田んぼ"もよいでしょう。実際に育っていく過程を見られるようにして、生長の様子を楽しみましょう。

この前よりも長くなってる!!

五感を刺激し、観察する力をつけましょう

自然の事象に触れるために虫を飼育したり花や野菜などを植えたりして、その飼育や生長を観察しながら、調べたり、ためしたり、五感を刺激する活動をする環境づくりを行っていきましょう。命の大切さをどう伝えるかを保育者みんなで考えていく機会も大切です。

先生からアドバイス

第2章　遊びのなかでいろいろな体験をさせよう

さんぽで「見つけた」を たくさん経験しよう

悩み1 さんぽの準備がもたついてしまいます

これで解決！

子どもに見通しを持たせよう

初めて訪れる場所は、どんなルートを歩いていくのかなどをまとめた「おさんぽマップ」を作成して、「〇月〇日におさんぽに行きます。よく見ておいてください」などと記入し、さんぽに行く数日前から掲示しておきます。そうすることで子どもたちも見通しが立ち、準備がスムーズになるでしょう。

さんぽの目的

- ◆体力をつける
- ◆探究心を育てる
- ◆園にはないものとふれあう
- ◆地域の人と交流する
- ◆交通ルールを学ぶ
- ◆季節を感じる

さんぽのときに 持っていくものリスト

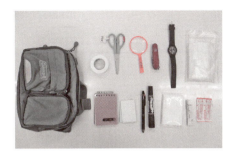

- ☐ メモ帳
- ☐ ふせん
- ☐ デジタルカメラ
- ☐ 虫めがね
- ☐ ビニール小袋
- ☐ ティッシュ
- ☐ ペン
- ☐ マジック
- ☐ はさみ
- ☐ ポケットナイフ
- ☐ 医療用テープ
- ☐ ばんそうこう
- ☐ ガーゼ

さんぽのときにすること、気をつけること

1 人数確認
出かける前と着いたときなど、そのつど、人数を確認しましょう。

2 危険な場所をチェック
曲がり角や歩道のない道、交通量の多い道など、危険な場所を事前に確認しておきましょう。

3 道路を歩くときの約束を子どもと確認
必ず手をつなぐ、右側を歩くなど、道路を歩く際の約束をみんなで確認しましょう。

4 救急セットを持ち歩く
急なケガや、おう吐などに備えて、救急道具やビニール袋などを準備しておきます。

5 園の職員に行く場所を伝える
さんぽの場所を職員室に伝えます。チェック表を作成しても◎。

三角公園に行ってきます

毎回、目的を持ってさんぽに行きましょう

なんとなく目的地に着いて遊んで終わるのではなく、「落ち葉を見つけて季節の変化を楽しむ」など目的を決めて行くといいでしょう。
つぼみだった花が咲いているのを見つけたり、さんぽしている犬に出会ったり、いろいろな経験があります。「見つける喜び」を味わうことを大切にできるとよいですね。

先生からアドバイス

第2章 遊びのなかでいろいろな体験をさせよう

| 3歳 |
| 4歳 |
| 5歳 |

水遊びと泥遊びで非日常感を楽しもう

Case 1 泥遊びを嫌がる子がいます。どうやって誘ったらよい？

A 「楽しいよ！」と言って、とりあえずやらせる

B 泥遊びが嫌な理由を考えてひとつずつ解決する

よい対応は **B**

嫌がる理由はさまざま。まずは理由を聞いてみよう

その子なりの「嫌な理由」があるはずです。理由を聞いたうえで、右ページを参考にひとつずつ解決していきましょう。泥が入った洗面器を隣に置いておき、まずは砂遊びから始めてみて、少しずつ泥を混ぜていくのもよいでしょう。その子の好きなキャラクターと関連づけて誘ってみるのも有効です。

これは NG ワード

「だいじょうぶ、だいじょうぶ」

「子どもなら泥遊びは好きなはず」と決めつけて、手や顔に泥をつけたり「とりあえずやらせてみる」のはNG。嫌悪感や苦手意識が増し、保育者との信頼関係も失われかねません。

実践例
泥遊びが嫌な理由と解決策

先輩の声 わたしはこうしています！

●手が汚れるのが嫌な子
→「手を洗ってもいいよ」と言う

泥を触っては洗い、触っては洗いでもOKとしましょう。初めはこまめに洗っていても、楽しくなってくると洗う回数が減ってくることが多いです。

●服が汚れるのが嫌な子
→汚れてもいい服を着てもらう

着てきた服を汚したくない場合は、園で保管している服に着替えます。
「これは汚れてもいい服だよ」と声をかけると、子どもも安心できます。

●ベタベタ・ひんやりした感触が嫌な子
→小麦粉に水を混ぜた小麦粉ねんどから慣れさせる

泥ならではの感触が嫌な子もいるので、その場合は小麦粉に水を混ぜた小麦粉ねんどをつくるところから見せ、触ってもらうことをためしています。たらいのなかに小麦粉ねんどを入れて、泥遊びと同じように園庭で遊びます。

泥遊びや水遊びはぜひ経験させたいもの。夢中になれば、嫌だと思っていたことも気にならなくなる

泥遊びは、五感を使って遊び込むことができる大切な遊び。嫌がる理由はさまざまですが、夢中になればその理由は気にならなくなるものです。

水遊びを嫌がる子には、足だけ入れるたらいを用意するなどしてその楽しさを伝え、じょじょに自分から「入る」と選択できるように導きましょう。

先生からアドバイス

| 3歳 |
| 4歳 |
| 5歳 |

異年齢活動のよい点・気になる点を知ろう

異年齢活動とは？

年齢ごとに分けた「横割り」ではなく、さまざまな年齢の子どもが混在する「縦割り」に分けて活動する保育です。クラスそのものを異年齢で分けたり、通常のクラスは横割りで分けながら、一部、異年齢活動の時間を設けるなど、さまざまな取り組み方があります。

Case 1 年上の子が年下の子のことを、なんでもやってあげてしまいます。

A 「隣で見ててあげてね」と促す

B 思いやりととらえ、そのままにする

よい対応は A

年上の子が必要以上に世話を焼きすぎないように気をつけましょう

上の子が世話を焼きすぎると、「できること」までやってあげて下の子は何もやらなくなってしまうことがあります。あまりにも世話を焼いている様子が見られたら、「隣で見ててあげてね」「お手本を見せてあげてね」「応援してあげてね」などと声をかけましょう。

Case 2 異年齢活動になると、年下の子に急にいばる子がいます。

 間に入ってお互いの気持ちを聞く

 ふたりを引き離す

よい対応は A

わかっているけどやってしまう場合も。同年齢のなかで輝けるように援助を

同年齢のなかで自信が持てない子は、年下の子に対して強く出ることがあります。年下の子が困っているときは、その気持ちを年上の子に伝えます。同年齢との関係がうまくいっていないと思いあたることがあれば、同年齢のなかでも居場所を見つけたり活躍できる場面をつくれるよう配慮してみましょう。

異年齢活動のメリット・デメリット

〈よい点〉
- ◆年上の子の思いやりが育つ
- ◆年上の子への憧れを育てられる
- ◆社会性が身につく

〈気になる点〉
- ◆その年齢ならではの育ちの特徴が現われにくい
- ◆活動レベルを年下の子に合わせることになる
- ◆同年齢どうしでは起きないトラブルが起きる

異年齢活動のよいところと悪いところを知って活用しましょう

異年齢活動は、上の子にも下の子にもよい刺激になります。できるだけ意識して異年齢どうしがふれあう機会をつくるとよいでしょう。下の子には成長したいという意欲につながり、上の子は年長者としての自覚が高まってぐんと成長するはずです。

先生からアドバイス

| 3歳 |
| 4歳 |
| 5歳 |

遊びのなかでの事故をなくそう

悩み1 教室を走りまわる子が多く、困っています。

これで解決！ 観葉植物を置いたり保育者が立つなどして、子どもの動線に配慮を

広々とした部屋では、子どもは走りたくなってしまうものです。部屋のなかにあえて棚や観葉植物など置いて、歩いて動くような動線を工夫しましょう。行きと帰りの順路を別にするのも◎。また、保育者が日ごろから「早く！」など急かさないことも大切です。

悩み2 はさみを使う活動をさせるときの注意点を知っておきたい！

これで解決！ 使う場所を限定するなど、約束ごとを徹底しよう

「はさみはここで使おうね」と、使ってよい場所や時間などの約束を、事前に子どもと決めておくことが第一です。はさみを使っている子がいる場合は、遠目でも必ず目を離さないこと。数を把握しておくことも大切です。

悩み3 戸外遊びで事故を防ぐポイントは?

第2章 遊びのなかでいろいろな体験をさせよう

これで解決！　**ゾーンを分けたり、ほかの保育者と立ち位置を確認して、死角をつくらないよう連携を**

園庭や公園など、広いスペースで遊ぶ場合は、複数の保育者で連携することが大切です。見守るゾーンを分けたり立ち位置を確認しながら、死角をつくらないよう注意を。子どもに付き添う保育者がいたら、ほかの人がフォローするなど、臨機応変に対応しましょう。

\ ここがポイント /

準備の時間はたっぷりとろう

遊具の点検簿をつくって、壊れていたり危険な箇所はないかこまめに点検しましょう。確認のためには、準備の時間をたっぷりとることが大切です。

\ 事故が起きてしまったら？ /

園の責任として保護者にしっかり謝罪し説明しよう

小さな傷でもお迎えのときなどに必ず説明しましょう。きちんと状況説明ができれば「保育中はちゃんと見てくれている」と納得してもらえるはずです。

致命的な事故を防ぎながら、いろいろな経験をさせましょう

先生からアドバイス

子どもの成長のためには、ときには失敗も必要です。それが致命的な事故にならないよう、日ごろからこまめに点検したり、シミュレーションをしましょう。安全を確保しながら、チャレンジを大切にしていきたいですね。

絵本や紙しばいの 読み方のコツ

絵本と紙しばいはどちらも大切なことを伝えるのに役立ちますが、その目的や役割はちがいます。絵本は子ども一人ひとりに向けて描かれており、子どもの頭のなかでイマジネーションをふくらませて理解するもの。対して紙しばいは、友だちや演じ手である保育者と一緒に劇の世界を味わい、感動を共にするものです。単なる時間つぶしにならないよう、「今こそ読んであげたい」と思うタイミングで、伝えたい内容のものを取り入れていきましょう。

伝わる！ 絵本の読み方

1 近い距離で読む

絵本は目から30cm離して読むことを想定して描かれています。理想の読み方は、子どもをひざに乗せて、ぬくもりを感じさせながら読むこと。10人くらいに対して読みたい場合は、子どもたちに、ひざをつきあわせて半円形になってもらうとよいでしょう。

2 声音を変えない

絵本を読むときは絵と言葉の一体性を大切に。気持ちを込めながらゆっくりと読みましょう。ただし声音を変えて演じ分ける必要はありません。子どもたちの意識が絵と言葉よりも先生の声に向いてしまいます。

子どもたちをひきつける！ 紙しばいの読み方

1 舞台を使う

紙しばいは1m程度離れたところから見るのに合わせて絵が描かれています。サッと一瞬で抜いたり、じわじわと揺らしながら抜いたりする「抜き」の技術によって、子どもを劇の世界に引き込みます。この「抜き」のおもしろさは、手で持っていると難しいので、ぜひ舞台を使用しましょう。

2 登場人物を演じ分ける

紙しばいは、子どもが最初に触れる演劇の一種。声音や話し方、話すスピードなどを変えて、それぞれの登場人物になりきって読むことで、子どもたちを紙しばいの世界にぐっと引き込むことができます。

第3章

保護者に信頼される保育者になろう

保護者に共感することから始めよう

Case 1
子どもが朝ごはんを食べてきていないみたい。こんなとき、どう対応すればいい？

A 保護者に「食べさせてきてもらえませんか？」と伝える

B 保護者に「朝は大変ですよね。Sくんの好きなものでかんたんに食べられるものはないでしょうか？」と一緒に考える

よい対応は **B**

はたらく保護者の大変さをまず認めて

はたらきながら子育てをする保護者の多忙さは想像以上のものです。肉体的にも疲れているでしょうし、職場でのストレスも抱えているかもしれません。まずはその忙しさ、大変さに共感を示すのが第一歩。理想をいきなり説明するのではなく、余裕がないなかでもできそうなことを保護者と一緒に考えていく姿勢が大切です。

> 知っておきたい

保護者支援のポイント

1 はたらきながら子育てする親の大変さを理解しよう

子どもを育てながら仕事をしていると、めまぐるしく毎日が過ぎていくものです。とくに園に長時間預けている保護者はそれだけ長い時間はたらいているということ。「自分ひとりの食事も大変なのに、子どもにも食べさせるなんて、わたしもできるかどうかわかりません」など共感を示すような言葉がけに保護者はとても救われます。

2 「○○してほしい」と"正論"を言うのではなく、家庭でできることを探す

いきなり完ぺきな対応を求めるのはむりがあります。朝食をまったく食べさせていない場合は、たとえば「惣菜パンを準備しておけますか？」「牛乳だけなら飲めるでしょうか？」と、かんたんにできそうなことを提案して、ためしてもらえるようお願いしてみます。

「好きなキャラクターのパンならきっと喜んで食べますね」

3 保護者が行動してくれたら感謝を伝える

提案したことを保護者が実行してくれたときには、忘れずに感謝を伝えましょう。実行してくれた結果、どんなよい結果が見られたのかも具体的に伝えると、保護者のモチベーションが上がり、難度の高いことも実行してくれやすくなります。

「朝おにぎりを食べさせてくれたおかげで、Sくんは元気いっぱい外で遊べましたよ！」

保護者対応は"指示"ではなく"支持"をしよう

保育者は子どものことを考えて「朝食を食べさせて来てください」と"指示"してしまいますが、保護者対応で本当に必要なのは"支持"です。「こうするべき」と教えるのではなく、子どものためになるように、保護者のことも「支える」という心がまえで寄り添い、保護者が自ら気づけるように言葉をかけていきましょう。

先生からアドバイス

第3章 保護者に信頼される保育者になろう

登園時は保護者の心を開く大きなチャンス

3歳 4歳 5歳

Case 1 朝の受け入れ時の様子です。あなたならどうする？

A 「おはようございます。Kちゃん髪を切ったんですね」と気づいたことをひとつ言う

B 元気よく「おはようございます!」とあいさつだけをして急いで子どもを預かる

よい対応は **A**

「おはようございます」にひとこと添えて

あいさつに加えて何かひとこと話をすることで、保護者は「関心を寄せてもらっている」と感じます。その積み重ねが保護者と心が通い合うことにつながります。内容は一人ひとりちがうことでも、天気の話題のように誰にでも通じることでもかまいません。朝は保護者と直接話す貴重な機会。あいさつだけで終わらせないことが大切です。

忙しくてもやってみよう！

心が通う　朝のひとこと

今日の天気のこと、昨夜のできごと、子どもの様子など、かける言葉の内容はどんなことでもかいません。先輩たちの経験談を参考に、自分なりの「朝のひとこと」を考えてみましょう。

先輩の声

わたしはこうしています！

お熱下がってよかったね。お母さんもお休みで大変でしたね

前日お休みしていた子には、体調が回復したことを喜ぶ言葉をかけてあげるようにします。看病にあたった保護者にもねぎらいの言葉を忘れず伝えます。

〇〇ちゃん、ニコニコだね。何かいいことでもあったのかな？

登園したときの子どもの様子を観察して、楽しそうなときは何があったか尋ねてみると、保護者も家庭での生活を話しやすい雰囲気になります。

昨日はとても風が強かったですね。夜は寝られましたか？

気候や天候については、誰とでも共通して話すことができる話題です。昨晩よく眠れたかを聞くことで、体調についても確認することができます。

自分からお部屋に入れるなんて、さすがだね！

子どもが泣かずに部屋に入れたなど、そのときのよいことをほめます。そして子どもと一緒に「いってらっしゃい」と保護者を見送るようにします。

言葉をかけるということは、心をかけることと考えて

どんな他愛ない内容でも、声をかけてもらえると、心をかけてもらっていると感じられるものです。わたしも「あいさつ＋ひとこと」を心がけてみたところ、保護者が家庭での様子や子育てについての悩みなどいろいろ話してくれるようになりました。今日はあいさつ以外にどんなことを保護者に話そうか、登園までの時間に考えてみてください。

先生からアドバイス

第3章　保護者に信頼される保育者になろう

3歳
4歳
5歳

降園時は保護者と1日を共有し、明日以降につなげる

悩み1 お迎えの時間帯はバタバタしていて、どんなことを保護者と話せばいいかわかりません。

これで解決！

1 まずは「おかえりなさい」と保護者をねぎらう

迎えに来る保護者は仕事を終えて帰ってきたところ。まずは「お疲れさまです」「おかえりなさい」といったねぎらいの言葉をかけることで、仕事場から慌てて迎えに来た保護者も心がやわらぎます。

2 トラブルがあれば小さなことでも原因と対応を伝える

もし、園生活の間でケガがあったときは、それがどんなに小さなケガでも、どのような状況で起きたものなのか、どのような手当てをしたのかを必ず伝えます。ほかの子とのケンカなどトラブルがあった際も同様です。

3 その日の子どものエピソードを伝える

1日にあったことで、「さんぽでお花を見つけて教えてくれました」など、子どもの生活の様子がわかるような、もっとも印象に残ったエピソードを話します。早番の先生から受けた伝言があれば、それも欠かさず伝えます。

エピソードはメモをとっておくのもおすすめ。

悩み2 その場で答えられないことを聞かれたときに、保護者に安心してもらえる対応を知りたいです。

これで解決！

1 「しばらくお待ちください」と言って、リーダーや主任に聞く

質問があった場合は、必ずメモをとりましょう。そして、自分では答えられないと思ったら、保護者に「しばらくお待ちください」と断って、リーダーや主任、園長など状況を把握している職員に聞き、保護者に伝えます。

2 主任やリーダーがいないときは「〇日までにお返事します」と、いつ返答するか伝える

もし質問について答えられる職員がいなかったときには、その場でむりに答える必要はありません。保護者には「明日の朝までに必ずお返事できるよう確認しておきます」など回答の期限を伝えて、期限までに確認をしましょう。

これは NG ワード

「わかりません」

たとえ新人だとしても、保護者にとっては担任のひとりであることに変わりありません。園から配布される手紙などは必ず目を通しておき、自分がわからないことがあれば、前もって先輩や主任、園長に確認をしておくことが大切です。

保護者に直接伝えることがむずかしいときには、連絡帳に記入を。顔を合わせる機会がないからといって、先延ばしはさけましょう。

保育者間の伝達を確実に！

早番の職員からの伝言、リーダーや主任に確認した内容を確実に伝えることで、保護者は保育者間の連携・伝達がうまくいっていると感じます。そのことが保育者や園全体の信頼につながるのはいうまでもありません。正確な伝達ができるように、保護者からの質問も、ほかの職員から聞いた内容も、しっかりメモをとることを忘れないようにしましょう。

先生からアドバイス

耳を傾けてもらえる！
お願いやトラブルの伝え方

Case 1 トラブルが多いKくん。今日も友だちとおもちゃの取り合いをして、転んですりむいた報告を保護者にすることに。

A　「園で防ぐことができず申し訳ございません」とまず謝る

B　トラブルが多くて困っていることを正直に伝える

よい対応は **A**

トラブルの話からするのはNG！
園で起きたことは園の責任です

子どもどうしのトラブルは、発達の過程でさまざまなことを学ぶ大切な機会でもあります。ただ、トラブルが原因でのケガや、かみつき、ひっかきは本来保育者が防ぐべきもの。起きてしまった場合は園の責任として謝罪します。原因や状況などをどのように伝えるかは必ずリーダーや主任、園長にも相談し、統一しておきましょう。

Case 2 クラスの造形遊びで各家庭から廃材を集めたい。

A ほしいものを一覧にして、いつまでに持ってきてほしいかを伝える

B ほしいものを一覧にして、もし家庭にあればいつまでに持ってきてほしいと伝える

たくさんほしいなぁ…
牛乳パック

よい対応は **B**

各家庭の状況に配慮して一方的なお願いにしない

どんなものがいつまでに必要なのかを一覧にしてわかりやすく伝えることは大切ですが、保護者が仕事と育児で多忙なことへの配慮を欠かさないようにしましょう。家庭によっては、かんたんに準備できないものもあります。「必ず用意しなければならない」とプレッシャーに感じないようなひとことも忘れずに。

どんなときも保護者の立場に立った伝え方を

子どものトラブルについて伝えることや、保護者にお願いごとをすることは、いつも以上の配慮が必要です。だからこそ、保護者の立場に立って、子どものよいところを最初に伝えたり、忙しさを気遣ったひとことを添えたりすることがとても大切です。保護者が協力してくれたことに対しては、必ず感謝の気持ちを伝えましょう。

先生からアドバイス

第3章 保護者に信頼される保育者になろう

保護者から相談を受けたとき、まず思いを受け止める

Case 1 「うちの子がMくんにいじめられていると言っているのですが……」と保護者から相談を受けました。

A Mくんだけが悪いわけではなかったので、状況を説明する

B Mくんだけが悪いわけではなかったが、話を最後まで聞く

よい対応は **B**

まずは保護者の悩む気持ちに理解を

保護者の言っている内容が事実とちがうとしても、いきなり否定しては相談した気持ちまで否定されたように感じるでしょう。保護者は「自分の子どもがいじめられているかもしれない」と、とても心を痛めているはずです。まずはその気持ちに対して「お母さんも心を痛めていますよね」と共感を示しましょう。内容を否定せず、最後まで話を聞いてもらっただけでも、保護者の気持ちはおさまるものです。

Case 2 「うちの子は蚊に刺されやすいので、夏はなるべく外に出さないか、虫よけにもっと気を遣ってほしい」と言われました。

A その場では返答せず、主任や園長と相談する

B すべての要求に応えられないので、自分の判断でできないことは「できません」と言う

よい対応は A

すぐに否定せず、園内での統一した意見を伝える

保護者の要求のなかにはかんたんに対応できないものや、自分ひとりで対応を決められないものもあります。そんなときは、すぐに答える必要はありません。リーダーや主任、園長に相談し、園内で統一した伝え方をしましょう。ひとまず「お考えはわかりました」と、言われたことを受け止めるだけで十分です。

いきなり否定せず、保護者の思いを受け止める

保護者からの訴えが事実とちがっていたり、むりなことであったりしても、「そんなことはありません」「それはできません」と否定から入るのはやめましょう。いきなり否定されると保護者は「この先生に話してもダメだ」と、二度と話してくれなくなります。まず思いを受け止めることが大切です。ただし、園で話し合い、何でも保護者の言う通りにする必要はありません。

先生からアドバイス

3歳 4歳 5歳

配慮を必要とするケースは、保護者の話をよく聞く

悩み1 なかなか言葉が出ないOくん。保護者が不安を感じているようです。

ほかの子はたくさんしゃべるのに…

これで解決！

まずは保護者の気持ちを聞く

発達には個人差があることを伝えても、保護者が気にしているようであれば「言葉が出るのがゆっくりだと連絡帳に書かれていましたが、それについて今はどう思われますか？」と聞いてみます。話を聞いたうえで、保護者が専門家のアドバイスを求めているようであれば、「言葉が出てくるために必要な援助を専門的に教えてくれるところもありますから、そういうところに行ってお話しなさってはどうですか？」と伝えてみましょう。いきなり専門機関への相談をすすめるのはNGです。

これはNGワード

「気になるところがあります」

保護者は自分の子の発達がほかの子とちがうと指摘されてしまうと、絶望的な気持ちになるでしょう。いきなり指摘せず、子どもの様子を聞くなかで、保護者自身の悩みを聞き出すようにしましょう。

「すぐに飛び出してしまうところがあるので」

たとえば多動傾向があるとしたら、「いろんなものに興味を持ちますね」と、まず最初に子どもを肯定的にとらえた伝え方をします。

「自閉傾向があるかもしれません」

保育者は児童発達心理の専門家ではありません。決めつけて判断をするようなことは決して言ってはいけません。

悩み2 いつもクレームを言う保護者のことが苦手です。

これで解決！

どんな親でも子どもにとっては大好きな人。子どもを中心に話をしよう

クレームを言う保護者に対して「いつも文句ばかり！」と非難する気持ちがあると、その保護者の子どもにも伝わってしまうものです。どんな保護者でも、子どもにとってはいちばん大好きな人。「お母さんが迎えに来ると、とってもいい笑顔になるんですよ」と子どもを通じて保護者を認めている気持ちを表してみましょう。また、その子が今夢中になっていること、チャレンジしていることなど、子どもの様子を話題にしてコミュニケーションをはかりましょう。

園として、決めつけないことが大事

子育てのことで悩んでいたり、自分自身が何か問題を抱えていたりする保護者に対してこそ、園や担任として支援したいものです。そのためには、「この人はクレーマーだ」「神経質すぎる」と決めつけずに話をよく聞き、共感することが第一です。「子どもが健やかに成長してほしい」という保護者との共通の願いに立ち返り、信頼関係を築きましょう。

先生からアドバイス

3歳 4歳 5歳

個人面談、保護者懇談会 の上手な進め方

悩み1 個人面談のとき、その場で保護者から聞かれた質問に答えられなそうで心配です。

これで解決！

1 事前にアンケートをとる

保護者と日程の相談をする際に、保護者が保育者に聞きたいことや、話し合いたい内容をアンケートするとよいでしょう。それをもとに、面談時に答えることや、話すことを準備しておくと、慌てず的確に答えることができます。

2 プラスの話題から話す

最初はその子が成長したことなど「よかったこと」を話題にしましょう。場がなごみ、話しやすくなります。気になることを先に伝えてしまうと、保護者は「うちの子を悪く思っている」と受け取ってしまいます。

3 面談後のフォローを忘れない

たとえば個人面談で「寝る時間が遅くて困っている」という話が出たら、後日「早く寝られるようになりましたか？」と保護者に尋ねることも大事です。「30分早く寝られるようになりました」「よかったですね」などの会話から「面談で話してよかった」と保護者は安心し、信頼関係が深まります。

先輩の声 わたしはこうしています！

まずは保護者の悩みや不安に寄り添う

最初に保護者の悩みや家庭での子どもの様子など、保護者の話をきちんと聞いてから、日々の子どもの様子や成長している部分を話すようにしています。

悩み2 保護者懇談会ではどんな話をするとよいでしょうか？

これで解決！

① 保護者懇談会で伝えたいことを前もってまとめておく

できるだけ短い時間で伝えられるように、焦点をしぼって事前にまとめておきましょう。子どものつぶやきやエピソードなど、活動の情景が目の前に浮かぶように工夫します。動画や写真など見せながら説明するのもおすすめです。

② 進行は発言が偏らないよう配慮し、保護者が話しやすい演出を

司会をするときには、同じ人ばかりが発言することがないように、発言していない保護者にも「〇〇さん、いかがですか？」と意見を求めてみましょう。最初に子どもたちが好きな歌や寝かしつけのときの子守歌などを紹介すると、なごやかな雰囲気になります。

③ 欠席した保護者にも内容を伝えることを忘れずに

保護者懇談会に欠席した保護者には、リーダーに「プリントは欠席した方にもお配りしたほうがいいですよね？」などとひとこと聞いてから、懇談会で使ったプリントを保護者に渡し、「こんな話し合いがされましたよ」と伝えましょう。

保護者と保育者が理解を深める場に

個人面談や保護者懇談会は、保護者と保育者が子どもの育ちについて理解を深め合う場です。個人面談では、7割は成長したところやいいところなどを伝え、残りの3割でこれからの課題や気になることを話しましょう。保護者懇談会では率先して準備などを行い、発言については事前にリーダーや先輩に「わたしからも感じたことを保護者の方にお話ししてもいいでしょうか？」と相談しておきます。

先生からアドバイス

| 3歳 |
| 4歳 |
| 5歳 |

心が通う連絡帳の書き方

やりがちNG！
今日はなわとびで遊びました。前とびが上手にできるようになりました。

こうしてみよう！
なわとびで遊びました。前とびはできていたKくんですが、今日は連続して3回もとべるようになりました。クラスのみんなから拍手をされてとてもうれしそうでした。

これで解決！

できるだけその子の様子を具体的に書こう

保護者は連絡帳から自分の子どもが園でどんなことをして過ごしていたか知りたいものです。誰にでもあてはまる内容ではなく、連絡帳を読むだけで、その子の姿が目に浮かんでくるような具体的なエピソードを書くように心がけましょう。

やりがちNG！
お友だちに「遊ぼう」と声をかけたのに仲間に入れてもらえず、怒ってしまいました。悲しかったのですね。

こうしてみよう！
今日は、お絵かきをしているお友だちに「遊ぼう」と声をかけたのですが、仲間に入れてもらえませんでした。遊びたい気持ちが受け入れてもらえず怒ってしまったのですが、「遊びたかったのに仲間に入れてもらえなくて悲しかったね」と声をかけて気持ちを受け止め、「今は遊べないわけがあるのかもしれないね。きっとまた仲よく遊べるよ」と声をかけると「うん。そうだね」と気持ちを切り替えて、別のお友だちに声をかけて遊んでいました。

これで解決！

子どもの姿と保育者のかかわりを書こう

子どもがどんなふうに過ごしたかに加えて、保育者がどう対応したかを伝えると、家庭で同じことがあったときに、保護者もどう対応したらいいのかがわかります。これが子育て支援につながる書き方です。

第3章 保護者に信頼される保育者になろう

やりがちNG！

【保護者より】
朝、起きてからもなかなか自分で着替えてくれず、「ママやって」と甘えてきます。こちらも準備や朝食の片づけがあり、忙しい時間帯なので困ってしまいます。

【保育者より】
今日はお誕生日会だったので、みんなでSちゃんとRくんをお祝いしました。Kくんも大きな声で「おめでとう」とお祝いしていました。

→

こうしてみよう！

【保育者より】
それは大変でしたね。園では着替えも自分でがんばっています。脱いだ服をたたむのもとてもじょうずになりました。まだその日の体調や気分で意欲が大きく変化する時期ですし、家ではお母さんに甘えたい気持ちもあるのでしょう。「ボタンひとつはお母さんがとめてあげるから、あとはがんばってみようか？」と全部をお母さんがやるのでなく、少しだけ手伝ってみるのはどうでしょうか。今日のお誕生会では、お友だちをお祝いして、歌を歌い、楽しく過ごしていました。また家庭での様子もお知らせください。

これで解決！
一方通行にせず、意見交換の場に

保護者からの連絡帳に、悩みや困りごとが書かれているときは、それを受け止め、寄り添った言葉を返してあげましょう。書いたことに何の反応もないと保護者は「読んでくれていないのかも」「こんなことを書いてはいけなかったのかも」と不安になってしまいます。

連絡帳は「子育て支援」機能を持つ重要なツール

保護者にとって、連絡帳は子育ての悩みや質問を気軽にできるものです。連絡帳での保育者とのやりとりを通して、悩みや困りごとを解消でき、保護者の心の平穏が保たれるのであれば、これも大事な子育て支援といえます。そのためにも、日ごろから保護者が連絡帳に書く内容に共感を示すことや反応を返すことを怠らず続けたいものです。

先生からアドバイス

実例から見る 読まれるクラスだよりとは

その月で子どもがいちばん夢中になったことを書く

1カ月を通じて、子どもたちがいちばん夢中になった遊びや盛り上がった取り組みを大きく紹介します。掲示板に伝えている日々の様子をさらに深めたものになるように心がけます。子どもたちの学びや感情の動き、心の育ちがわかるような内容にできるとよいでしょう。

エピソードはできるだけ具体的に書く

読んだ保護者がその場にいるような気持ちになれるように、また、誰が読んでもわかる内容にするため、保育者がかけた言葉や子ども一人ひとりの反応を具体的に書くようにしましょう。毎日の日誌にできるだけ細かいエピソードを残しておくと、クラスだよりを書くときにも役立ちます。

写真もたくさん使ってよりリアルな姿を見せて

写真をたくさん入れると、文章だけでは伝わりきらない園での子どもたちの様子を感じ取ってもらうことができます。「うちの子が写っていない……」と思う保護者がいないよう、2カ月に1度は全員の顔が出てくるように写真の撮り方や選び方を心がけたいものです。

第3章 保護者に信頼される保育者になろう

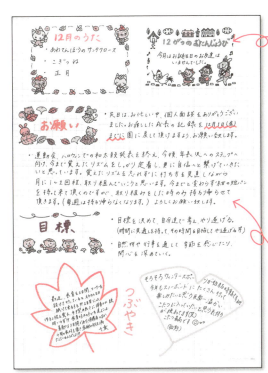

その月の目標や連絡事項は必ず入れておく

指導計画の月案に沿った内容を「目標」として保護者にも伝えることで、1カ月の保育の内容を共有することができます。その月内にお誕生日を迎える子どもの紹介や、新しい友だちや転園する友だちの情報もあれば入れておくとよいでしょう。

保護者へのお願いは全員に向けてわかりやすく

新たに持参してほしいものなどは保護者に個別にお願いするのに加えてクラスだよりでもお知らせします。特定の子の服装や持ちものが気になる場合も、個別に伝えずに全員へのお願いとしてクラスだよりに載せると、保護者を傷つけずに配慮を促すことができます。

クラスだよりは担任全員が持ちまわりで担当する園が多いため、新人も書く機会があります。書く内容や書き方に迷ったら過去のクラスだよりを参考にしながら、リーダーに相談を。

保護者の反応を見て内容は随時変更を

クラスだよりは保護者全員と子どもたちの園での様子や保育の内容を共有するためのツールです。園の方針にもよりますが、手書きにするかパソコンで作成するかも含めて、保護者からよい反応があったものや「知りたい」とリクエストがあったものを積極的に取り上げることで、忙しい保護者にも読んでもらえるものになります。

先生からアドバイス

クラスだよりづくりに役立つ アイデア集

保育者の個性を伝えて保護者が親しみを持てるように

クラスだよりに子どもたちの生活の様子だけではなく、保育者の近況や好きなものを伝えるコーナーを設けるのもよいでしょう。保育者の個性が見えると、保護者が親しみを感じ、毎日の会話のきっかけになったりします。ほかにも「こんなコーナーがあるといいかも」と思いついたら、リーダーに相談してみましょう。

活動の成果だけでなくプロセスもカメラで撮影！

たとえば製作活動の記事であれば、完成したものを見せるだけではなく、つくっている過程の写真も見せることで、子どもたちがどれだけ夢中になっていたか伝わりやすくなります。もしよい写真を撮り損ねても、夢中になっている遊びを子どもたちはくり返すので、また撮影する機会が訪れると考えましょう。写真撮影よりも保育が優先なのは言うまでもありません。

子どもの何気ないつぶやきをメモ！

子ども一人ひとりのつぶやきや発言に注目して、メモや日誌に残しておくようにしましょう。子どもたちのつぶやきを拾いあげることで、子どもの個性が見えてきます。日誌やクラスだよりに書くためだけではなく、子どもたちのつぶやきに常に耳を傾けることは、保育者にとってとても大切なことです。

第4章

保育者として
レベルアップしよう

保育を取り巻く環境は変化している

3歳 4歳 5歳

保育者の役割がますます重要に!

保育者は「子育てのプロ」という自覚を持ちましょう

保育者は、子育てに関する国家資格を持った、いうならば「子育てのプロ」。その専門性を生かし、園に通う子どもたちだけでなく、地域の保護者に対しても子育て支援を積極的に行うことが求められています。これは、新しい「保育所保育指針」等にも明記されています。

地域や家庭との連携が大切

子どもの生活は、家庭と園、そして地域と連続しています。それをふまえ、家庭と地域社会とも連携していく意識がいっそう重視されます。

続く待機児童増加傾向 「保育の質」の向上が課題に

待機児童解消のための小規模園や多機能園の増加、3歳未満児の増加などを背景に、「保育の質」の向上が求められています。これは、幼少期の「保育の質」がその後の子どもの成長に大きな影響を与えるという調査結果があるためです。保育の質を高めるためには、保育者による保育そのものの質の向上だけでなく、クラスの子どもの人数や設備など条件面の質、そして、保育者自身の給与や働く意欲など、労働環境における質の向上もまた必要です。

保育者として知っておきたい

保育関連の制度

1 子ども・子育て支援新制度

「すべての子どもたちが、笑顔で成長していくために。すべての家庭が安心して子育てでき、育てる喜びを感じられるために」という理念のもと、保育の受け入れの拡大と質の向上、地域での子育て支援の充実をはかるために制定された制度。認定こども園の普及、保育施設職員の処遇改善、地域子育て支援拠点の設置など、子育てにまつわるさまざまな問題を解決するために平成24（2012）年に制定され、各地の市区町村が中心となって進めています。

2 認可保育園と認証保育園

認可保育園は、施設の広さ、職員の人数、設備など、国が定めた設置基準をクリアして各都道府県知事に認可された保育園で、全国に設置されています。認証保育園は東京都独自の制度で設置されている保育園です。土地が不足している大都市では国の設置基準を満たすことがむずかしいため、東京都による独自基準が設けられました。民間企業やNPO法人、個人が運営しています。

3 認定こども園

幼児教育と保育を一体的に行う施設。1日4時間程度の教育を実施するとともに、必要な子どもに対しては保育も提供するという、これまでの「幼稚園」と「保育園」の両機能を併せ持った施設です。両親の就労の有無を問わず利用できます。「子ども・子育て支援新制度」の制定にともない、全国的に保育園や幼稚園を認定こども園へと移行する動きが加速しています。

4 いろいろな保育

休日保育： 認可保育園が休園となる日曜・祝日も、就労のため保育を必要とする保護者に代わって実施される保育。

産休明け保育： 産休が明ける生後57日目から受け入れる保育。受け入れの可否や費用は各自治体により異なり、受け入れ人数に制限がある場合も。

一時保育： 保護者の就労や入院、子育て中のリフレッシュなどの理由で、保育所が子どもを一時的に預かる制度。

第4章 保育者としてレベルアップしよう

＼ 先生からアドバイス ／

知識で子どもをとらえるのではなく、子どもの実態や子どもの目線を大事にする保育を常に頭におくことが大切です。それが保育所保育指針等にある「子どもの最善の利益」を考えることになります。

保育者として守るべき モラル（倫理観）とは

Case 1 同僚と飲食店で園の話。これってOK？

園から離れた場所ならOK

他人に聞かれそうな場所は絶対にNG!

よい対応は **B**

プライバシーは絶対に守る

保育者は、子どもと保護者一人ひとりのプライバシーを守る義務があるため、保育を通して知り得た個人の情報や秘密を必ず守らなければなりません。これは全国保育士会倫理綱領でも定められています。電車のなかなどの移動中も注意が必要です。園で撮った写真を、写っている人の許可なく公開したりSNSにあげたりするのもNGです。

ほかにもある！

保育者が絶対に「やってはいけないこと」

1 体罰

いかなる場合でも、保育者は子どもに対して体罰を行ってはいけません。体罰とは「いけないこと」をしたとき、おしおきで暴力行為を行うこと。危ない場面でとっさに手を止める、などは体罰にあたりません。

（例）

- **NG** しかっているときにたたいたり大きくゆすったりする
- **OK** ストーブに触りそうな手をつかんで止める
- **NG** 友だちをたたいた子を、長時間、正座させる
- **OK** プールで危険な遊びをした子を見学させる
- **NG** 午睡しない子を押し入れにとじ込める
- **OK** つかみ合いのケンカをしている子どうしを引き離す

2 性差別

保育者として、子どもたちに性差による差別意識を持たせないよう心がける必要があります。「男の子はかっこよく」「女の子はかわいらしく」など、無意識のうちに性差別をしている場合もあるので注意しましょう。

（例）

- **NG** 「男の子なんだから泣かないの」となぐさめる
- **NG** 「女の子なんだからおとなしくしようね」と注意する
- **NG** 道具や衣装などを男の子は青、女の子はピンクと決めつける
- **NG** 「運転士は男の子」「看護師は女の子」など、役柄を性別で決める
- **NG** 名前を呼ぶ際、必ず男の子から先に呼ぶ
- **NG** お手伝いを女の子だけにお願いする

これもチェック！ 保育に携わるうえでの原点として理解しておきましょう。

児童憲章 ⇒ http://www.mext.go.jp/b_menu/shingi/chukyo/chukyo3/004/siryo/attach/1298450.htm

全国保育士会倫理綱領 ⇒ http://www.zenhokyo.gr.jp/hoikusi/rinri.htm

園に通う子どもの利益を最優先に考えましょう

すべての子どもは無限の可能性を持っています。園に通う子どもの最善の利益を第一に考え、保育を通して可能性を伸ばすよう努めることが大切です。これは、「全国保育士会倫理綱領」でももっとも重要なこととして第一項に定められています。

先生からアドバイス

第4章 保育者としてレベルアップしよう

職員のひとりとして、チームワークを育もう

3歳 4歳 5歳

悩み ▶ 先輩から、「保育はチームワークが大事」と言われました。どのように連携をとったらいいでしょうか？

これで解決！

笑顔を忘れず、「手伝います」「わたしがやります！」のひとことで、気持ちのよいコミュニケーションが生まれます

複数担任のときやリーダーのフォローなど、保育はチームワークがとても大切。新人の場合、「手伝います」「わたしがやります」と積極的に声をかけ、まずは率先して動いてみましょう。先輩はそんな姿からやる気を感じて、あなたを信頼してくれるようになるでしょう。もし「いいよ、ここはわたしがやるから」と断られたら、「ありがとうございます」と応えるなど、気持ちのよいコミュニケーションを心がけましょう。

> たとえば
こんなことが保育のチームワーク

- ◆ ひとりの子につき添う保育者がいたとき、ほかの子を見る
- ◆ 子どもの現状を共有する
- ◆ 交代で休憩をとる
- ◆ クレームがあったり問題が起こったりしたときに、自分のこととして真剣に考える
- ◆ 子どもたちに必要なことを保育者どうしで話し合う
- ◆ 先輩が何の仕事をしているかを把握し、自分ができることをする

チームワークを育むポイント

1 仕事内容や子どもの特徴を早く覚える努力をする

新人は、できるだけ早く仕事や子どものことを覚えることがチームワークの第一歩です。そのためには、先輩の仕事ぶりをよく観察し、よいところはまねをするのが近道です。保護者や子どもに好かれている先生は、その園で求められている理想像と認識しましょう。

2 自分の保育に落ち度がなかったか振り返る

子どもがケガをしたとき、保護者からクレームがあったとき、「忙しくてそこまで気をつけていられない」と、子どものせいにしたり自分を正当化したりする前に「自分に落ち度はなかったか」と謙虚に受け止めましょう。子どもの安全と保護者の安心のために園全体で最善を尽くすことが、チームワークなのです。

保育者どうしは適度な距離感を保つようにしましょう

保育者どうしはチームを組んで一緒に仕事をしていく「仲間」ではありますが、「友だち」のような関係になると緊張感がなくなり「ゆるみ」につながります。保育中は私語をしない、保育者どうしはていねい語で話すなど、適度な距離感を保つよう心がけましょう。

先生からアドバイス

第4章 保育者としてレベルアップしよう

悩んだときは抱え込まず、先輩に相談を

 Case 1 どう接したらよいかわからない子がいて、すっかり自信喪失……。

 A 本やネットで似たような例を探す

 B 「先輩だったらどうしますか?」と聞きに行く

よい対応は **B**

自分で考えたことに対して先輩の意見をもらおう

今はインターネットで何でも調べられる時代。でも、あなたの目の前にいる先輩は、インターネットでは得られない現状に沿ったたくさんの答えを持っています。答えを全部聞くのではなく、自分の考えを交えて聞くようにしましょう。また、保育中に聞くのはNG。相手のタイミングを見計らって聞きましょう。聞きたいことを簡潔にまとめておき、教わるときは必ずメモをとりましょう。教わったあとは、お礼の言葉を忘れずに。また、教わったことがうまくいったときに報告すると、より信頼関係が増します。

Case 2 クラスリーダーの先生が苦手。仕事でわからないことを主任の先生に聞いてもよい？

A もちろんOK

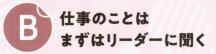
B 仕事のことはまずはリーダーに聞く

よい対応は **B**

仕事のことは、まずは直接の上司であるリーダーに聞くのが鉄則

リーダーを飛び越えて最初に主任に聞くと、リーダーは無視されたように感じ、プライドを傷つけられてしまいます。また、相談や質問をすることでリーダーとの関係がよくなることもあります。リーダーが忙しそうにしている場合、主任に「いつリーダーに聞いたらいいですか？」と相談するのはOKです。

先輩への質問・相談が、お互いの信頼関係を築くことにつながります

インターネット上の情報は、あなたの現状に合っているかどうかはわかりません。先輩に聞くことで信頼関係が増し、それがチームワークにもつながるものです。どんなに怖そうな先輩でも、聞いて欲しいと思っているはず。とくに1年目は、なんでも聞いてOKですよ！

先生からアドバイス

> よくある

保育の仕事の
お悩みQ&A

Q. 先輩と保育観が合いません

A. 保育観は人それぞれ。子どもの利益を最優先に考えましょう

どちらが正しいではなく、子どもをまんなかに置くことが大切です。主任を交えて話をするなどし、まずは、先輩の考えをよく聞きましょう。

Q. なついてくれない子がいます

A. その子が好きなものを知ることから

保護者にその子が好きなものを聞いてみたりして、話しかける材料にしましょう。すぐ信頼を得ようと焦らずに、子どもに合わせてコミュニケーションをとりましょう。

Q. 先輩のようにテキパキ動けず「気が利かない」と言われてしまいます

A. まずは先輩のまねから始めよう

最初から仕事ができる新人はいません。まずは先輩の動きをよく見て、それをまねすることから始めてみましょう。疑問に思ったことはメモをとり質問するのもいいですね。

Q. 仕事が終わらず、家にいつも持ち帰っています。どうしたらいい?

A. クラスリーダーに相談してみましょう

何の仕事が終わらないのか、なぜ時間がかかるのかを振り返り、どう改善すればいいのかをまず自分で考えたうえで、クラスリーダーに相談します。ほかの保育者の体験談を聞くのもよいでしょう。

Q. 気持ちに余裕がなく、つい子どもに怒ってしまいました
A. 感情的になってしまったら、その場で深呼吸を
まずは、その場で深呼吸して気持ちを落ち着かせましょう。そして、子どもに「ごめんね。先生怒っちゃったね」と謝ることも大切です。

Q. 仕事を続ける自信がなくなりました
A. 原因を書き出し、信頼できる人に話を聞いてもらいましょう
原因を書き出して、信頼できる人に相談してみましょう。体力的にむりをしすぎないことも大事です。そのうえで続けることが困難だと思ったら、再度クラスリーダーに相談するとよいでしょう。話を聞いてもらうだけで気持ちが軽くなることもあります。

Q. 子どもがかわいいと思えなくなりました
A. 気分転換をして、気持ちをリセットしましょう
休日は仕事以外の趣味を楽しむなどして、気持ちをリセットさせましょう。気分転換ができればまた子どものよいところに目が向くようになり、子どもと笑顔と向き合えるでしょう。

Q. 人見知りする性格です。コミュニケーション能力を上げるには？
A. 相づちを打つ＋その後ひとことを
相づちを打ちながら話を聞くことも、コミュニケーションの方法です。それから「＋ひとこと」を加えられたらいいですね。「人見知りだから」と殻にこもらず、相手をよく見て、気づいたことをひと声かけてみましょう。

Q. 子どもの体力についていけません！
A. ペース配分を考えましょう
先輩の動きをよく観察すると、一緒に遊ぶときと子どもの遊びを見守るときのバランスなど、いい意味で力を抜く要領がわかってきます。

|3歳|
|4歳|
|5歳|

週のリーダーとして役割を果たすために

悩み1 週替わりのリーダーをやるように言われましたが、何をやればよいかわかりません。

これで解決！

週案を作成して、1日の活動を見通してみよう

リーダーの大切な業務は週案の作成です。最初は先輩のまねでOK。先輩方の週案を参考に、まずは自分なりに作成してみます。作成後、クラスリーダーに意見をもらい、完成させましょう。リーダーの週が始まったら、その日のスケジュールをほかの保育者にも周知し、活動や日課など、1日の生活の流れをしっかり頭に入れておきましょう。あなたならできる、と思ったから任されたはず。自信を持って取り組みましょう。主体的に取り組むと、仕事を覚えるのが早くなるはずです。

> 積極的に動こう！

週のリーダーの主な仕事と気をつけたいポイント

1 前日に自由遊びの環境設定をする

前日のうちに、次の日の自由遊びの環境設定を行います。昨日と同じものを出すのか、新たなものを出すのか、どういう遊びを展開するのかを週案に従って前日に用意をしておきましょう。

2 その日の出席人数を事務所や給食室に伝える

その日の出席人数を把握するのもリーダーの大切な役割です。朝の受け入れが落ち着いたら欠席者がいるかどうかを確認し、出席人数を把握して事務所や給食室などに報告しましょう。

3 時間を見ながらそれぞれの活動を促す

子どもたちの遊びをよく見ながら、時間が来たら食事、午睡、おやつなど、生活の変わり目を把握し、次の活動に移れるよう、子どもやほかの保育者に呼びかけて促します。そして各活動の中心となって行動します。

4 その日の活動を関係者全員に知らせる

その日の活動を、ほかの担任や職員など関係者にいきわたるよう周知します。予定に変更があった場合など、伝え漏れがないよう、特に注意しましょう。

見通しを持って活動しましょう

先輩たちに声をかけてリードしていくことに遠慮を感じる人が多いですが、気にすることはありません。任されたリーダーのいちばん大切な役割がそれですので、積極的に行いましょう。1日の流れをしっかりつかみ、「自分が今週はリーダーだ」と自覚を持って、見通しを立てながら活動するとよいでしょう。

> 先生からアドバイス

第4章 保育者としてレベルアップしよう

3歳 4歳 5歳

指導計画（月案・週案）の書き方のコツ

指導計画は、保育を楽しく進めるためのもの

新・保育所保育指針等により、幼児教育を行う施設として共有すべき事項として「幼児期の終わりまでに育ってほしい10の姿」が指導を行う際に考慮するものとして掲げられました。これから「全体的な計画」（旧・保育課程）が、園ごとに組まれていきます。それをもとにクラス担任等が年間指導計画を立てます。そちらと目の前の子どもたちの姿から、実際に行う保育の計画を立てるのが指導計画の月案、週案、日案です。

全体的な計画

年間指導計画

指導計画
月案・週案・日案

子どもの願いと保育者の願いを盛り込んだ計画を

子どもが今どんな願いを持っているかを読み取るには、やはり子どもたち一人ひとりと向き合って、よく観察することが必要です。保育者の願いや経験させたいことと、子どもの願いのどちらもかなえる活動や、そのための環境構成や具体的なかかわり方について、子どもたちの反応を予測しながら計画を立てていきましょう。

書式は園ごとにちがいます

指導計画は、なぜその活動をするのか、という保育行為の根拠ともなるものです。子どもたちの実態に合わせて、クラスを円滑に運営していくためのものであって、記録のための記録では意味がありません。また、保育者の業務はほかにも膨大にあるため、大事なことをできるだけスムーズに書けるよう配慮されています。設置されている項目に大きなちがいはありませんが、月案と週案が1つの書式になっていたり、週案と日案が1つにまとめられていたりすることもあります。

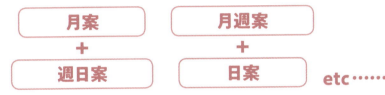

前年度のものや、先輩のアドバイスを参考にしましょう

園では、数年分の指導計画を保管しています。同じ年齢の前年度の子どもの様子はどうだったか、また、担当をしている子どもたちが前年度はどんなことをしていたか、などを振り返ると、指導計画作成のヒントが多々あることでしょう。どうしてもわからないことや迷っていることがあれば、ひとりで抱えずに先輩に相談しましょう。

【4歳児　4月　月週案】

❶ 月初めの子どもの姿	■進級したことを喜び、自分のことを積極的にやろうとする子どもや不安から緊張感が強い子どももいるが、新しい環境に積極的に関わり、自分のことは自分でやろうとする姿が見られる。 ■色水遊びが盛んで、友だちと相談したり、自分で必要な準備をして行ったり、図鑑などを見ながら植物や虫などを調べて伝える姿がある。	
❷ 月のねらい	■進級を喜び、積極的に自分のことは自分でする。 ■自分の興味を持った遊びを楽しむ。 ■春の花、植物、虫などを知り、自ら名前を調べてみようとする。	

週	1週	2週
❺ ねらい	■入園、進級を喜び、新しい生活に慣れる。 ■保育士や友だちと、進んでかかわろうとする。	■新しい保育室の使い方や、生活の仕方や流れがわかる。 ■新しい環境のなか安心して過ごせるようになる。
❻ 内容（養護）	■衛生面に留意し、安全に遊べるようにする。 ■保育者や友だちと十分にかかわる。	■一人ひとりの気持ちを受け止め、共感しながら子どもとの信頼関係を築いていく。 ■子どものやる気を認めたり、不安な気持ちを励ましたりしながら、援助していく。
内容（教育）	■1日の流れを知る。 ■保育者と一緒に用具や遊具の場所等を確認し、くり返し行うなかで、使ったものは元の場所に戻すような習慣をつける。 ■春の歌をみんなで歌ったり、絵本を読んでもらったりする。	■気の合った友だちと誘い合って好きな遊びを見つけて楽しむ。 ■食事の配膳や片づけの仕方を覚えて、自らやってみる。
❼ 環境構成と配慮事項	■手を洗うことや、はさみの使い方など改めて子どもたちと確認し、健康で安全に生活できるようにする。 ■進級の喜びや新しい環境への不安など、一人ひとりの子どもの思いを受け止め、安心して生活できるようにする。 ■1日の流れを子どもたちと一緒に話して確認し、分かりやすく文字とイラストで掲示し、いつでも見られるようにする。	■ものの場所や扱い方等新しくなった部分をていねいに伝え、見通しを持って自分で行っていけるよう援助する。 ■年長児と共に配膳をするなかで、保育者が共に行いながら、教えてもらったり、理解できない部分は保育者が共に行いながら伝えていく。 ■一人ひとりの子どもの姿を観ながら、好きな遊びが何なのかを知り、環境として準備していく。 ■視覚からわかるような掲示物も作成しておけばよかったと反省。すぐに用意する。
❽ 自己評価	■担任や仲間も変化はなかったこともあり、進級の喜びが大きくはしゃぎ過ぎて危険な場面もあったので、うれしい気持ちは受け止めつつも落ち着いて行動できるように、伝えていった。 ■持ちものや、衛生面の対応は3歳児後半よりていねいに伝えたので、戸惑うことなく行えていた。 ■一日の流れについては、掲示したことでわかりやすかったようで、自分で見ながら行う子どもが多かった。	■ものの場所や扱い方は、個人差があったので、戸惑う子どもにはていねいに一緒に行いながら伝えている。 ■保育者が伝えなくても、年長児の行うのを見ていてまねながら行っていた。くり返していくなかで覚えていくであろう。引き続き、個々の子どもに合わせて援助していく。 ■好きな遊びについては、環境準備を進めている。友だちと一緒に遊ぶままごとなどが今は人気なので、子どもに必要なものを聞きながらそろえていく。また、ときには保育者も入りながら会話を盛り上げていく。

第4章 保育者としてレベルアップしよう

❸ 配慮事項	■一人ひとりの子どもの思いに共感し言葉にしたりして受け止め、安心して生活するなかで子ども自らいろいろなことに取り組めるよう環境を整える。 ■家庭には園での子どもの様子をポートフォーリオやドキュメンテーションなどでわかりやすく伝え、情報を共有して家庭での会話にもつなげてもらう。 ■子どもの探求心が増すように、環境の準備をする。		
❹ 子育て支援	■「重要事項説明書」を用いて園の方針等を伝える。 ■送迎の際の対応と保育ドキュメンテーションを用いて子どもの育ちを伝えていく。 ■個別の子育て相談にも応じる。		
	3週	4週	
	■さまざまな遊びを体験し、友だちと一緒に遊ぶ楽しさを味わう。	■ルールのある遊びを理解して、仲間と楽しむ。	
	■自然に目を向け、さまざまな発見を保育者や友だちと共有する。	■保育者の仲立ちのもと、友だちと意見を出し合い、話をする。	
	■園の生活のリズムを身につけ、自分のやりたい遊びを見つけて遊ぶ。	■集団生活の決まりを守ろうとし、基本的な生活習慣を身につける。	
	■自分が発見したしたことを保育者や友だちに伝えたり、図鑑などで調べたりする。	■自分が思っていること、考えたことを保育者や友だちに伝える。また、友だちの話を聞く。	
	■天気のよい日は戸外に出て、友だちと園庭や公園に出かけ、体を動かして遊んだり、草花を見つけたりする。	■かくれんぼや鬼ごっこのルールを覚えて楽しむ。	
	■当番の仕事を覚え、保育者と一緒にする。	■5月の行事「子どもの日」についての話を聞き、「こいのぼり」づくりをする。	
	■好きな遊びに夢中になったり、挑戦してみたいと思ったりする姿や思いを大切にし、取り組んでいけるように励ましたり、達成を喜んだりする。	■子どもたちが自分の考えが伝えられるようなかんたんな質問をしたりしながら、一人ひとりが言葉を発することが楽しいと思えるようにしていく。	
	■体操や鬼ごっこ等を共に行いながら、その楽しさを伝え、体を動かすことの気持ちよさを伝えたり、意図的に体全体を使うような遊びに誘って行く。	■話をするときは5～6人のグループで聞くようにし、一人ひとりがあまり待たずに話せるようにすることで、聞く力も育てていく。	
	■当番活動も年長児に教えてもらいながら一つひとつ行うが、そのつど、保育者が手本となりていねいに行うやり方をゆっくりと伝えていく。	■「五月の節句」についてわかりやすく話し、こいのぼりづくりに向かえるようにする。こいのぼりに絵の具を付ける際に一人ひとりの子どもの表現を大切にし、具体的によいところを認めていく。	
	■虫や花の発見や調べることに夢中になり、虫めがねや図鑑などで調べている。子どもに聞かれたときは答えを出さずに子どもたちといっしょに調べ、「なんだろう？」など自ら答えが見つけられるようにして、その発見を喜ぶようにしたところ、探求心が継続していった。	■少ない人数で、かんたんに答えられる質問をすることで、発言することも、聞くこともできたので、次はもう少し考える質問もしていく。	
	■年長児が行っているなわとびに挑戦し始めたので、カードをつくり、達成感が目で見て感じられるようにした。	■こいのぼりは、子どもたちはとても興味を持ち、取り組めていた。3日間で全員が思い思いのこいのぼりを完成させ、園庭に飾られ、満足しながら毎日保護者にも伝えていた。	
	■当番活動にもやる気を見せている。当番の仕事がわかるよう写真で順番を表にしたところ、それを見ながら進める子もいた。		

❶ 子どもの実態を具体的に書く

「前月の子どもの姿」とするところもありますが、子どもが夢中になっていることや生活の様子などの現在の子どもの実態を記し、把握します。これを、どのように発展・改善させるかを検討していきます。

❷ 子どもを主語にして、育ってほしい姿を書く

子どもたちの実態から見えてきた課題と、この時期だからこそ経験させたいことなどを、個々の発達を考慮しながら記入します。

❸ 保育者が取り組みたいことを書く

「月のねらい」に対して保育者が行うことを、具体的に書きます。

❹ 家庭と連携することを書く

保護者とのかかわりや、家庭に対して伝達することや働きかけることを記入します。

❺ 週ごとに活動テーマを決める

子どもの姿を予測して、週ごとの活動を設定していきましょう。園の予定や行事なども考慮して決めていきます。

❻ その週の活動内容を書く

週の「ねらい」から、実際に保育で行うことを記入します。園によっては5領域ごとに記入したり、養護を「睡眠」「食事」等細かく設定したりするところもあります。

❼ 保育者が行うことを書く

「内容」に関して、保育者が子どもとどうかかわるか、どのような環境を設定するかを、より具体的に記入します。

❽ その週の最終日に振り返る

評価は、子どもではなく自分のかかわりに対して行い、次にどうするかを考えて翌週の保育へ生かします。その週の子どもの様子や成長した姿を書くのもよいでしょう。

3歳
4歳
5歳

日誌や記録の書き方のポイント

日誌や記録は、課題を発見し解決するために書く

保育の現場では書く仕事が多くありますが、これは大事なできごとを忘れないためです。保育者にとって大事なできごとというのは、保育のなかでとらえた子どもの姿や育ち、人との関係性や活動の展開、それらのことから見いだしたさまざまな疑問や発見、感動などでしょう。書くことで思考が整理され、意識化された疑問や課題の答えを探すことにつながるのです。それらはすべて翌日以降の保育に生かされていき、よりよい保育の提供が可能になります。

日誌の書き方

1 メモをとる

その日の保育の計画や、子どもの様子を見ながら、心が動いた部分をかんたんにメモにとっておきます。箇条書きにしてキーワードだけ書いておいたりしてもよいでしょう。自分がわかれば、どんな書き方でもOKです。

2 重要だと思ったところを視点を定めて書く

提出用の日誌には、誰が読んでもわかるように具体的に記述します。このとき、とったメモのなかで特に心に残ったことに視点を定めて書くようにしましょう。具体的に、子どもの発言や自分が子どもにかけた言葉なども書きます。子どもの心の葛藤や心通う場面、生活面で戸惑いが感じられたこと、それに対してどのようなかかわりや援助をしたかなどを記述します。

3 立てたねらいに対して振り返る

日誌は日案とセットになっている場合もあるかと思いますが、その日のねらいに関する内容であることが望ましいでしょう。保育は常にPDCAサイクル（70ページ参照）を意識することが重要です。

今日の遊びでねらいどおり、葛藤して乗り越える姿があったなあ……！

4 どのような環境構成にしたのかを残しておく

そのときに得られた子どもの反応には、環境設定が関与していることも多々あります。環境設定で工夫したことを書いておくと、保育者間で共有することができ、翌日以降のトラブルやむだな手間を回避することができます。

私が子どもたちを見ているので、どうぞ日誌を書いてください

5 書く時間は、保育者どうしで協力して確保する

日誌は20分程度で、集中して書きあげるのがよいでしょう。保育者どうしで連携を取り合い、記入に専念できる時間を順番に確保していくことも、チームで保育をするということになります。

ありがとうございます。書き終わったら、次は私が見ているので、日誌を書いてください

先輩の声 わたしはこうしています！

ありのままの子どもの姿を書いています
子どもの言葉・行動をありのまま書き、そのときの自分のかかわり方について書くようにしています。

先輩の声 わたしはこうしています！

事実と評価を分けて書いています
子どもの姿（事実）と保育者の評価・反省が混ざらないように、わけて書くように心がけています。

【3歳児】

日案	12月27日（水）　天気：晴れ
内容	部屋や戸外のそうじや身のまわりの整理をし、新年を迎える準備をする。
配慮事項	
全体	ぞうきんの絞り方・拭き方をていねいに伝え、保育者がお手本になって大そうじを行う。
個人	
家庭連絡	
全体	体調に変化が見られた場合は、ノートや口頭で伝えていく。
個人	

1日の子どもの姿

出席11名、欠席1名。

　昨日、今日の朝の集会にて伝えていた通り、室内と戸外の大そうじを行った。パンダ組の2グループ、きりん組は全員でのグループ、計3グループに分かれ、①お道具箱②お着替えBOXとその棚③製作物の引き出しおよび作品を製作袋へ入れる、のローテーションで行った。最終的にはロッカーを拭いたのち下駄箱を拭くことも行った。
　昨年とは異なり、拭くことで部屋がきれいになることを学び知っていたので、ぞうきんをもらうとそれを濡らして絞り、そうじへと取り組む子どもたち。そのぞうきんが汚れる度に「先生、すごく汚くなったよ」「うわぁ、汚ない！」等いかにきれいに使っていても汚れているのかを肌で感じたようだ。その後はコーナー遊びとなり、食育では干し柿を切って食べては、毛糸でシュシュをつくっていた私に、「おいしいよ〜」と感想を教えてくれた。

子どもの学びと保育者の評価・反省

　そうじをすることを誰か少数ながら嫌がるかと感じたが、とくに子どもたち全員がこれから行うことを心待ちにしていた。おそらく朝の集会にて話した「きれいにすると新しい年を迎えることができる」ことをこの年齢ながら、真剣に受け止め、行ったのかもしれない。しかしそれだけではないと思い、しばらく様子を見守っていた。誰もがキラキラ目が輝き、楽しそうだった。もしかしたらそうじをするというより、遊び感覚に近いのかもしれない。行うことで、子どもたちにも達成感が生まれ、もっとやりたい気持ちへ結びつくのだろう。改めて遊びからのつながりで何ごとも子どもたちと一緒に共有し、その楽しさを感じていけたら、と思う瞬間だった。

ねらいに対する子どもの姿や保育者のかかわりが書かれている

その日に立てられたねらいに対することがしっかり書かれているため、ねらいに対してどうだったかが振り返りやすくなっています。その活動に取り組む子どもたちのセリフがあることで、臨場感が伝わってきます。

保育者のかかわりとそれに対する子どもの様子がしっかり書かれている

保育者がどのように子どもとかかわり、子どもがどのような反応を示したかの積み重ねで保育は成り立っています。また、なぜそのような反応だったのかを考察することも大切。翌日の取り組みも、連続性のあるものになっています。

悪い例

【5歳児】

1日の子どもの姿

出席17名

　今日は室内遊びを行った。室内遊びでは絵本、劇の衣装製作、クリスマスの飾りづくりやクリスマスのクラスの装飾などを行った。劇の練習では声の大きさや自信を持ってセリフを言うこと、自分の出番でないときはどんな姿勢で見るのかの話をした。
　クリスマスの飾りを戸外や室内に飾ろうと毛糸や廃材、ビニールひも、ダンボールなどを使って製作していた。完成したものは子どもたちが飾りに行き、クラスでの会話もクリスマスの話が多く出てくるようになった。

子どもの学びと保育者の評価・反省

　劇の練習やハンドベルの練習をはじめとし、ツリー飾りとクラス内がクリスマスへと動き出している。また子どもたちからの積極的な製作意欲も高まりつつある。ひとつの行事に向けて製作、劇、ハンドベルの練習を通して、みんなでつくる、みんなでがんばる姿を見守っていきたい。
　劇の練習中には声の小さい子、まだセリフを覚えていない子などにしっかりと伝えていけるようにしたい。

日記のようになってしまっている

単なる活動のら列では、子どもたちの姿が見えてきません。自分が話したことに対して、子どもたちがどのような反応を示したかを書くとよいでしょう。また、心に残った会話ややりとりを記入するようにしたいですね。

「～したい」で終わってしまい、具体策が書かれていない

自分が「～したい」と思ったことについては、いつ、どのように行動するかまで書く必要があります。それが次のねらいとなり、ねらいに対する子どもの反応の振り返りへとつながっていきます。

日々の保育を振り返ることで、保育の質が向上する

その日の保育を振り返り、疑問や課題を発見することのできる日誌は、保育を創造していく礎であり、原動力となるものです。クラス会議などで一部の日誌を取り上げ、子どもへの援助の仕方について議論をしていくと、一人ひとりの子どもへのかかわりが統一され、子どもの成長へとつながり、クラスにまとまりが出てきますよ。

先生からアドバイス

ケガ報告書・ヒヤリハット報告書の書き方のポイント

3歳 / 4歳 / 5歳

ケガ記録簿の書き方

> **ケガ記録簿とは**
> 病院に行くようなケガをしてしまった際に残しておく記録。

ケガ記録簿

ケガをした園児名	Sくん	年齢	4歳	月日	年 月 日（ ）	時間	
対応職員	Y先生						
場所	室内・戸外・ホール・テラス・その他（　　　）						
場所の図	❶ カーペット　Sくん　棚　教具の部屋			❷ ケガが起きた状況	おやつのあと、教具側で遊ぶ側とダンスをする側で子どもたちの好きなように分かれ、教具側は3名の園児をH先生が、ダンス側は8名の園児をわたしYが連れて広いホールへと移動した際起こった。Sくんがうれしくてはしゃぎ気味にカーペットと棚付近をジャンプ歩きをしていた際、カーペットを踏み込んだ前足が滑り、前かがみに転んだ際に手をつく前にあごをぶつけてしまい、あごが切れてしまった。		
ケガの部位	❸ 写真添付			ケガの処置	すぐに整形外科に連絡を入れ連れて行った。17：10ごろ、I整形にて、左の口元の外側を2針縫った。		
				❹ 保護者への事後の連絡	ケガが起き、病院に行く前に電話確認をした。更に受診後の様子を連絡したところ、医師の説明が始まる前に整形外科まで来てくださり、一緒に診察を聞いてくれた。		
経過観察 ❹	その後、保護者と共に家に帰る。翌日元気に園に登園。午前中に消毒に通う。とくに痛がる様子もなく通常通り過ごしていた。						
再発防止策	❺ ダンスをしようと踊り場をつくるために、テーブル等を動かしていた際に起きたできごとであった。ホールに流れてくる人数も多かったため、子どもが来るのを止めずに自分だけが広いスペースをつくるために、家具を少し動かそうとしてしまったことが原因であると考える。今回ぶつけた棚は、日によって位置も定まっていなかったのと、カーペットも滑り止めはつけていたが、少し消耗していたことも原因で滑りやすくなっていたように思う。今後部屋を移動する際は、まず、子どもたちに座って待ってもらい、安全面の配慮を行ったあと、移動を促すようにすることと、ダンスなど元気に体を動かすときはカーペットはたたんでおくようにする。また、人数的にも3名と8名に分かれ、保育者は1名ずつだったので、危険がともないそうなときはむりに分けず2名でひとつの活動をするようにする。保育者の人数に余裕があるときに、選択できるようにする。						

❶ ケガが起きた場所を図にする

ひと目で見てわかるよう、図にして記録します。

❷ 状況をわかりやすく書く

その場にいなかった人があとから見ても状況を把握できるよう、なるべく詳細にわかりやすく書きます。

❸ ケガの部位を写真で残す

ケガの部位を写真で残すことで、次に同様のケガが起きた場合、病院に行くかどうか判断する基準にもなります。

❹ 保護者への連絡状況を記録し、経過観察を行う

どのタイミングで保護者への連絡が行われたかを残しておきます。また、その後の経過観察もきちんと記録します。

❺ 再発防止策を必ず書く

同様のケガをする事故が二度と起こらぬよう、事故が起きた原因を分析して再発防止策を必ず記入します。

ヒヤリハット報告書の書き方

ヒヤリハット報告書

発生日時	年　月　日（　）　　　時　分ごろ				
記入者	保育者T	園児名	園児A 3歳	クラス	うさぎ
発生状況	足こぎ二輪車に本児が乗り走っていたところ転倒。その際、握っていた右グリップが外れ、金属部分がむき出しになりそこで左あごにあたり、傷ついてしまった。（写真添付）				
原因	足こぎ二輪車の点検がおろそかになっており、グリップの部分の確認がなされていなかった。				
内容	転倒後、あごを金属部にぶつけてしまった。				
結果 （起きた事実）	左あごの一部が切れ、出血した。（浅い傷であった）				
あなたの対応	本児以外にも4名が戸外に出ていたので、ほかの保育者に一緒に保育をお願いし、本児の傷の手当と止血に努めた。その後、傷を確認、職員室に報告、病院受診となった。病院では縫う必要はないとのことで、消毒をして終了した。				
一歩間違えていたらどうなるか？	深い傷になって大きなケガにつながる可能性もあると思う。				
考えられる対策	足こぎ二輪車の定期的な点検（グリップの状態など、細かいところまで）				
その他の 先生方の 意見等記入	降園後、保護者より電話があり「ケガについては伝えていただき、とくにそのことで何も言うつもりもないが、どのような状況でそうなったのか？がわからなかった。連絡ノートに記入があるかと思ったのでその場で聞かなかったのですが、ノートにもなかったため、教えていただきたい」という話があり、担任に変わり状況説明をしてもらい納得したようであった。ケガについては、どうしてそうなったのか？を口頭と連絡ノートの両方から記入ということになっているため、再度周知させていただきます。（主任）				

> **ヒヤリハット報告書とは**
>
> 大きな事故にはならなかったものの、一歩まちがえれば大きな事故になりかねなかったことについては、保育者全員が把握しておくことが大切。そのために報告書としてまとめ、記録を全員が見られるようにしておきます。

第4章　保育者としてレベルアップしよう

大きな事故を防ぐための「ヒヤリハット」

1件の重大な事故・災害の背景には29件の軽微な事故・災害があり、300件の「ヒヤリハット事例」がある、という統計があります。ヒヤリハット報告書はケガ記録簿とは異なり、重大な事故を防止することを目的としています。

1件の重大な事故・災害
29件の軽微な事故・災害
300件のヒヤリハット
〈ハインリッヒの法則〉

危険を感じたら保育者みんなで即座に共有・改善！

発生状況から原因を分析し、さらに「起きたかもしれない深刻な事態」を記入します。「ヒヤリハット事例」を集めて園全体で共有し、対策を練ることが、重大な事故の防止につながるのです。

子どもが挑戦できる環境づくりを

保育園では「事故はあってはならない」が原則。一方で子どもたちが強い心と体をつくっていくためにはさまざまな失敗や成功の体験も求められます。園の設備や遊具はこまめに点検を行い、危険を感じたら即座に改善しましょう。安全で安心できる環境でこそ挑戦意欲を大切にした保育が可能になります。

先生からアドバイス

3歳　4歳　5歳

「要録」を書くときに気をつけること

要録は、新学年へとつなげる大切な資料

要録とは、子どもの育ちを記述して小学校へと引き継ぐための資料です。子どもが小学校での新生活へスムーズに移行するための大切な資料であり、保育者にとっても1年間の自分の保育を振り返る機会にもなります。原本は園で厳重に保管しておきます。

具体的に記入するためには、日ごろから子どもの様子をよく見てメモを取るなど、ふだんから記録しておくようにしましょう。

書き方のコツ

1. 公用の文書なので、誰が見てもわかるように

要録は、長い間保管してその子どもの保育や教育にかかわるたくさんの人が見る公文書です。誰が見てもわかる正確な単語を用いて、わかりやすく書きましょう。公文書なので「！」などの記号や顔文字は使わず、パソコン使用の場合は誤変換などにも注意。子どもの最善の利益をふまえ、個人情報として適切に取り扱いましょう。

2. 子どもを主語にして援助方法を具体的に書く

保育者がどのような援助をして、それによってどのように成長したのかを、なるべく具体的に記入します。ぱっと見てすぐにわかる長所を書くのではなく、その年度で著しく成長を見せた部分、発達のなかでとくに伝えたい部分を書くとよいでしょう。

3. ポジティブな表現を心がけ、断定的な表現はさける

否定的な表現はなるべくさけて、ポジティブな表現になるよう心がけましょう。同じことがらでも、見方を変えるとポジティブになります。

×動きが遅い
↓
○落ち着いて取り組む

×我が強い
↓
○信念を持って行動する

保育所児童保育要録（保育に関する記録）

ふりがな		保育の過程と子どもの育ちに関する事項	最終年度に至るまでの育ちに関する事項
氏 名		（最終年度の重点）	・1歳児の時に入園。初めての環境に緊張し泣くことや、保育者の傍にいることが多かったが、保育者との信頼関係ができ、園生活に慣れると保育者から離れて一人遊びを楽しめるようになった。 ・2歳児になると、友だちとのごっこ遊びも多くなり、役になりきったり、友だちとの簡単な言葉のやり取りを楽しめる姿が多く見られた。また、年上の子どものすることにも興味を示して真似てみたりする姿があった。 ・3歳児では、色水に興味を示し、色の変化やにおい等の発見を楽しみ、夢中になって何度も試し遊びを継続していく姿が見られた。友だちと喜びを共有する姿もあった。 ・4歳児になると、自分の興味あることについて、図鑑や家庭で調べて理解を深める姿があった。また、それを園で友だちにも伝え、共有しみながら試してみたり、挑戦したりして楽しむようになっていった。 ❺
生年月日	H〇年6月20日	友達と共に過ごす喜びを味わいながら遊びや生活を通して、充実感を味わう。 ❶	
性 別	男	（個人の重点）	
ねらい （発達を捉える視点）		友達とのつながりを深め、思いを伝え合いながら遊びを進める。 ❷	
健康		（子どもの育ちと指導上参考となる事項） ・体を動かすことを好むが、慎重な部分があり、初めてのことは周りの様子を見ながら挑戦する。保育者が挑戦する姿を見守り、認めることが自信につながり、活発に挑戦し続ける姿へとつながる。 ・生活に見通しを持ち、自信のあることに対して意欲的に取り組む姿があり、自信のあることに対して頼られることでさらにモチベーションが高まり、自ら気付き、率先して皆で行う給食の準備や掃除に取り組めている。	
人間関係		・自分の思いを言葉で相手に伝え、相手の思いも受け止められる。しかし、相手の思いばかりを受け入れてしまうこともあるので、自分の意見をしっかり主張することも大切と伝えると、双方の意見も取り入れ折り合いを付けられるようになってきている。	
環境		・自然事象や植物、昆虫に興味を持ち、気になったことを図鑑で調べ、自分が得た知識を集会で発表し友達にも伝える姿が見られる。	
言葉		・皆で話し合ったり、紙芝居や絵本の感想を伝え合ったりすると手を挙げ言葉で自分の思いを表現することができる。また、友達の意見にも耳を傾けられる。 ・劇遊びを行った際に友達の表現の仕方を見て刺激を受け、自分もやってみようと挑戦し、表現していた。始めは照れくさそうだったが、保育者が挑戦する姿を認めると自信へつながり堂々と表現するようになった。	幼児期の終わりまでに育ってほしい姿 （保育所保育指針を参照する）
表現		・友達と一緒に表現する面白さを感じ、同じ役の友達と息を合わせようと意識して取り組んでいた。 ❸	健康な心と体 自立心 協同性 道徳性・規範意識の芽生え 社会生活との関わり 思考力の芽生え 自然との関わり・生命尊重 数量や図形、標識や文字などへの関心・感覚 言葉による伝え合い 豊かな感性と表現
		（特に配慮すべき事項） 特記事項なし ❹	

※フォーマットは、自治体や国によって、多少異なることがあります。
※ねらい、欄外の説明文は省略しています。

❶ クラス全体（全ての子ども）に共通することを記入します。

❷ 子ども一人ひとり異なります。個人の成長の記録を参考にして、年間を振り返り記入します。

❸ 年長児の育ちの姿を記入します。
・「幼児期の終わりまでに育ってほしい姿」は到達目標ではありません。それを踏まえて一人ひとりの子どもの今育ちつつある姿を記入します。決して他児と成長を比較して書くものではありません。
・「幼児期の終わりまでに育ってほしい姿」の10項目すべてを記入する必要はありません。ひとつの項目にも様々な姿が含まれているからです。

❹ 児童要録は開示義務があるため、健康上の問題などは、保護者の承諾を得て記入するようにします。（重要な個人情報のため、記入する際は慎重に。）

❺ 入所してから最終年度に至るまでの子どもの育ちを記入します。

その子が小学校でのびのび育つヒントになるような内容を心がけましょう

要録はその子自身の育ちの記録であり、小学校でのびのびと育つための大事な資料。子どものありのままの姿を、具体的に客観的に記入することが大切です。

心配なことばかりではなく、1年でその子がどう成長したのかを書きましょう。それは、あなたの1年間の保育の振り返りにもなるはずです。

先生からアドバイス

3歳 4歳 5歳

研修を利用して スキルアップしよう

悩み1 現場に出てみて、もっと保育技術を上げたいなと思ってきました。

これで解決！

厚生労働省が3種類のキャリアアップ研修を用意しています

ぜひ、キャリアアップ研修を受講しましょう。2017年から新しい「キャリアアップ研修」が創設され、各都道府県単位でさまざまな研修が用意されています。各園に案内が届いているはずですので、おもしろそうなもの、興味があるものに参加してみましょう。また、経験に応じた役職も新設され、研修を修了して「副主任保育士」などのキャリアに就任すると、最大で月4万円賃金がアップします。

①専門分野別研修	乳児保育、幼児教育、食育・アレルギー対応、保健衛生・安全対策など、保育の現場で専門性をより高めるための研修
②マネジメント研修	ミドルリーダーに必要なマネジメント・リーダーシップの能力を身につけるための研修
③保育実践研修	子どもに対する理解を深め、保育者が主体的にさまざまな遊びと環境を通じた保育を展開するために必要な能力を身につけるための研修

第4章 保育者としてレベルアップしよう

知りたい！
保育士のキャリアアップイメージ

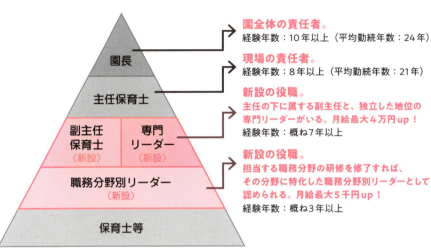

園全体の責任者。
経験年数：10年以上（平均勤続年数：24年）

現場の責任者。
経験年数：8年以上（平均勤続年数：21年）

新設の役職。
主任の下に属する副主任と、独立した地位の専門リーダーがいる。月給最大4万円up！
経験年数：概ね7年以上

新設の役職。
担当する職務分野の研修を修了すれば、その分野に特化した職務分野別リーダーとして認められる。月給最大5千円up！
経験年数：概ね3年以上

（参考）厚生労働省：保育士のキャリアアップの仕組みの構築と処遇改善について

研修の報告をして園全体で生かそう

研修ではさまざまな知識が得られるので、それを職員会議などで報告することをおすすめします。情報の共有になるだけでなく、言葉にして伝えることであなた自身新たな発見もあるはず。また、保育者全体の意識統一にもなり、チーム保育にもつながっていきます。

研修で得たさまざまな知識を日常の保育に生かそう

研修では、保育の知識やアイデアを得たり、ちがう視点を持てるようになることで柔軟な考え方ができるようになったりします。公的な研修のほか、自分の保育を振り返り、さらに充実させたいテーマの研修を選んで積極的に参加しましょう。

先生からアドバイス

防災対策・避難訓練などで
万が一のときに備えよう

「新・保育所保育指針」の第3章に災害への備えのことが追記されました。緊急時の園内での役割分担や、保護者や地域との連携を日ごろから確認しておく必要があります。ここでは菜の花保育園(山梨県)の取り組みを見ていきましょう。

菜の花保育園の実施例

月1回の「もしものときの訓練」

1 地震・火事などの災害訓練

地震のとき、火事のとき……「まず何をするのか」を子どもたちにもしっかりと覚えてもらい、くり返し行うことが大切です。
「おかしも」の合言葉（お・さない／か・けない／し・ゃべらない／も・どらない（火事））などの合言葉も日ごろから伝えています。
保護者が迎えに来るまで「引き渡しカード」を装着して待機する練習もします。

緊張感を持って取り組みます

地震のときは……
だんごむしのポーズ！

引き渡しカード 記載内容
・園児名
・年齢
・アレルギーの有無
・迎えに来た人
・間柄
・住所
・自宅電話
・携帯電話
・（引き渡し）日時
・引き渡し職員

引き渡しカードはゴムを通して、胴体や二の腕に身につけさせます。

火事のときは……
ハンカチで口を押さえて移動！

おうちの人に引き渡すときはひとこと
おうちの様子は確認してきましたか？

❷ 救急処置や感染症対策も定期的にチェック

園内で感染を拡大させない、大ケガやアナフィラキシーショックに対応する……など、子どもたちの安全と健康を守るためには、現場の体制づくりが大切です。そのために、保育者のみで訓練を行います。
どの立場の保育者が指示を出し、ほかの保育者はどう動くかといった役割や動き方をチームで理解するためにシミュレーションをしておきます。

＼ たとえば…… ／

「子どもが吐いた！」ウイルス感染の疑いがあるときの処置例

保育者① 当事者の子どもの対応
保育者② 吐しゃ物の処理
保育者③ その他の子の保育
保育者④ 管理者を呼びに行く
保育者⑤ 症状によっては救急車を手配する

その他の「もしものときの訓練」

- ◆ 不審者対策
- ◆ アレルギー児事故対応
- ◆ 水害対策
- ◆ 大ケガ対応
- ◆ 心肺蘇生法

消防署の方に来てもらって教わります。

防災マニュアルに目を通しましょう

各園には、国の防災マニュアルをもとにした災害時のマニュアルがあります。勤務園のマニュアルには必ず目を通しておきましょう。

子どもの安全確保が最優先！

ただ「保護者に引き渡せばよい」という意識ではなく、「子どもを保護者に引き渡すまではしっかりと守る」と保育者が意識しておくことが必要です。

遊びのなかで防災意識を育む

防災ずきんをかぶるのを嫌がる子がいるので、日常の遊びのなかで防災ずきんをかぶる体験をしておくとよいでしょう。

知っておきたい！
子どもがかかりやすい病気・アレルギー

子どもは免疫力が弱く、大人よりも感染症にかかりやすいという特徴があります。また、感染症以外にも子ども特有の病気もあるので、子どもの病気について正しい知識を持ち保育にあたりましょう。

※P150～159　渋谷紀子（愛育クリニック）監修

感染症

かぜ症候群（急性上気道炎）

鼻からのどにかけての急性の炎症

- 鼻からのど、気管の入り口にかけての**上気道が炎症**を起こした状態を「かぜ症候群」＝「かぜ」と呼びます。炎症が特定の部位に現れたときは、**急性鼻炎**、**急性咽頭炎**、**急性扁桃炎**などといわれることもあります。
- かぜの原因のほとんどは**ウイルス**で、くしゃみやせき、鼻水などを介して**飛沫感染**でうつります。感染すると数日後に**せき**、**鼻水**、**微熱**などの症状が出はじめ、しだいに熱が上がって呼吸や脈拍が速くなります。多くの場合、ピークはひきはじめの2～3日間。少しずつ軽くなり、1週間ほどで治ります。
- ウイルスの種類によっては、下痢やおう吐と、発しん、目の充血などの症状が出ることが。関節痛や全身の倦怠感、合併症をともなうこともあります。

突発性発疹症

1歳までに多くの赤ちゃんがかかる病気

- 2歳ごろまでの乳幼児がかかりやすい病気で、特に生後4～5カ月から1歳までの時期に多く見られます。
- 元気だった赤ちゃんが、急に**39～40℃の高熱**を出しますが、熱のわりに**きげんは悪くなく**、鼻水やせきなどのかぜ症状はほとんど見られません。高熱は3～4日続き、熱が下がると同時か翌日あたりに、**赤く細かい発しん**が出ます。発しんは、顔、おなか、背中など体幹から出はじめて全身に広がります。2～3日は目立ちますが、そのうち消失し、痛みやかゆみはありません。
- 急に高熱が出るので、**熱性けいれん**を起こす場合もあります。

インフルエンザ

感染力が強く、重いかぜ症状が出る

- 典型例では1～3日間の潜伏期間のあと、突然40℃近い高熱が出て、症状が急激に悪化します。
- 発熱と同時に、頭痛、全身の倦怠感、関節痛、筋肉痛などの症状が、ふつうのかぜよりも強く出るので、きげんが悪いかぐった

- りとしてしまいます。
- 発熱と前後して、せきやたん、鼻水、くしゃみなどのかぜ症状も現れます。下痢やおう吐などの消化器症状を起こすこともあります。
- 気管支炎や中耳炎などの合併症をともないやすく、じょうずにたんを吐きだせない子は呼吸困難になることもあります。
- 急性脳症、肺炎といった重い合併症を引き起こすケースもあるので注意が必要です。

はしか（麻疹）

高熱が続き、合併症も怖い病気

- 麻疹ウイルスの潜伏期間は10～12日ほど。38℃前後の発熱とともに、かぜと似た症状が2～3続き、ほおの内側に白いポツポツが現れます。いったん熱が下がりますが、再び40℃前後の高熱に。このころ全身に赤い発しんが広がります。せき、目の充血が強くなり下痢などの症状も見られます。
- 発症してから7～10日ほどたつと、熱が下がってせきや鼻水もおさまります。せきだけがしばらく続くことも。
- 麻疹ウイルスや細菌による合併症に注意が必要です。特にほかの細菌が二次感染して細菌性肺炎になると重症になります。また、まれに麻疹脳炎を併発することがあります。

風疹（三日ばしか）

発熱とともに、小さな発しんが全身にできる

- 風疹ウイルスが原因の感染症です。くしゃみやせきなどの飛沫感染でうつります。
- 2～3週間の潜伏期間のあとで、38℃前後の熱が出ます。熱は出ないこともあります。発熱とほぼ同じ時期に、小さな赤い発しんが全身に現れるのが特徴ですが、痛みやかゆみはありません。
- 首や耳の後ろにあるリンパ節が、小指の先ぐらいの大きさにはれて、触るとグリグリした感触があります。
- 症状が軽いと、感染したことに気づかない「不顕性感染」の場合もあります。
- まれに、血小板減少性紫斑病や、風疹脳炎などの合併症が見られます。

おたふくかぜ（流行性耳下腺炎）

ウイルス感染で耳下腺がはれる

- 2～3週間の潜伏期間のあと、耳の下あたりにある耳下腺がはれて痛みをともないます。頭痛や倦怠感をともなうこともあり、しばしば、ほかのだ液腺（顎下腺・舌下腺）も同時に炎症を起こします。はれは2～3日目がピークで、その後1週間～10日で徐々におさまっていきます。38～39℃ぐらいの熱が出ることもあります。
- おたふくかぜで注意したいのは、合併症です。最も多いのは無菌性髄膜炎で発熱や頭痛、おう吐などの症状が見られます。そのほか難聴の後遺症を残すこともあります。

水ぼうそう（水痘）

強いかゆみをともなう水疱が全身にできる

- 潜伏期間は約2週間。直径2～3mmの赤い発しんが頭皮や顔、おしりやおなかなどに

巻末 知っておきたい！子どもがかかりやすい病気・アレルギー

現れ、全身に広がります。数時間から半日の間に、赤い発しんの上に透明な水疱を生じます。1〜2週間ですべての水疱がかさぶたになります。
- 発しんと同時に37〜38℃の熱が出る場合もありますが、2〜3日で下がります。
- まれに水痘脳炎やライ症候群などの合併症が起こることも。
- 治っても水ぼうそうの原因である**水痘帯状疱疹**ウイルスは体のなかに潜伏し続けます。大人になって体調を崩したとき、神経に沿って激しい痛みを生じる帯状疱疹になって現れることがあります。

咽頭結膜熱（プール熱）

高熱が出てのどがはれ、目の充血を起こす

- 毎年6月ごろから増加しはじめ、7〜8月にピークを迎えます。最近では、さらに春や秋にかかるケースも増える傾向にあります。**非常に感染力が強い**ので、地域や園で流行したり、上の子がかかると下の子に感染したりすることがあります。
- 5〜7日の潜伏期間のあと、**39〜40℃前後の高熱**が出ます。発熱は5日前後続きます。
- 発熱と同時に、**のどがはれて痛み**だします。のどの奥の**扁桃腺が赤くはれ**、表面に白い分泌物が見られます。
- **結膜炎**を起こして、目やにが出ます。涙が出やすくなる、目がショボショボする、まぶしがるといった症状も見られます。目の症状は片側から始まり、やがてもう一方の目にも症状が現れることが多いようです。
- 頭痛や全身の倦怠感、腹痛、下痢をともなうこともあります。

手足口病

手足、口内に発しん。夏に多い感染症

- **手のひら**や**足の裏**、**舌**やのど、**ほおの内側**などに、米粒ほどの大きさの**赤い発しん**や**水疱**が出る夏に多い感染症。おしり、ひじ、ひざなどにも発しんができる場合や、手・足・口の一部だけ発しんができる場合もあります。
- 手足にできた水疱は、痛みやかゆみは特にありません。口のなかの水疱はつぶれて潰瘍になるので、しみて痛みます。食欲が落ち、きげんが悪くなります。発しんは1週間程度で消え、あとが残ることはありません。
- 発しんと同時または先行して**38〜39℃の熱**が出て、2〜3日の間続くこともあります。**熱は出ないことも**あります。
- まれに脳炎や無菌性髄膜炎、心筋炎などの合併症を起こすことがあります。

ヘルパンギーナ

のどに水疱ができ飲食が困難に

- 夏かぜの一種で、突然**40℃近い熱**が出て、口のなかのいわゆる**のどちんこのまわり**に直径1〜2mmほどの**赤い水疱**が多くできます。水疱は破れて潰瘍になりますが、1週間ほどで治ります。

感染性胃腸炎

ウイルスや細菌が原因で胃腸に炎症が起こる

- **ウイルス**や**細菌**に感染して急性の炎症を起こし、**おう吐**や**下痢**、**腹痛**などの胃腸症状が出る病気を総称して感染性胃腸炎といいます。原因がはっきりしない場合、**急性嘔吐・下痢症**と診断されることも。
- 冬に多い**ロタ**や**ノロ**などのウイルスが主に口から侵入して起こる**ウイルス性胃腸炎**は、吐き気やおう吐、下痢、発熱などの症状を引き起こします。
- **ロタウイルス胃腸炎**の場合、激しいおう吐は1〜2日でおさまりますが、下痢は徐々に激しさを増し、多いときは1日に10回以上も出ることがあります。便は米のとぎ汁のような少し**黄色がかった白い水様便**で、**酸っぱいにおい**がします。下痢は3〜4日続きますが、1週間ほどすると元の便の状態に戻っていきます。
- 細菌が原因の胃腸炎は、**サルモネラ菌**、**カンピロバクター菌**、**腸炎ビブリオ**、**病原性大腸菌**などによる**食中毒**が代表的です。細菌性の場合、便に腐ったようなきついにおいがあったり、**血液やうみが混じっている**ことがあります。

りんご病（伝染性紅斑）

両側のほおが発しんで赤くなる

- 主に幼児期から小学校ごろの子どもの間で、**春から初夏にかけて流行**します。2歳前の赤ちゃんがかかることは、あまりありません。
- 1〜3週間の潜伏期間のあと、**両方のほおが赤く**なります。最初は**斑点状**ですが、その後、りんごのように、少し盛り上がった鮮やかな**赤い色**になります。
- 1〜2日たつと、**腕や足の外側にもレース状の網目模様や波模様の発しん**が現れます。発しんができているところは、むずがゆかったり、ほてった感じがしたりすることもあります。
- 顔の発しんは2日ほどで消え、腕や足の発しんも1〜2週間で自然に薄くなって消えていきます。
- 発しんが出る1週間ぐらい前に、熱や筋肉痛、体がだるいなどの症状が出ることもあります。発しんが出たあとは、熱は出ないことが多く、出ても37℃台の微熱程度です。
- 大人がかかると、発熱や関節痛などの症状が強く出ます。
- ごくまれに、**溶血性貧血**などの合併症を起こすことがあります。妊娠中期の妊婦がかかると、胎児が胎児水腫という重い貧血になったり、流産したりする心配があります。

RS（アールエス）ウイルス感染症

呼吸器に感染し重症化することも

- **秋から初春**に流行し、特に**呼吸器**に感染するのが特徴です。
- 母親からの免疫は効かないので、6カ月未満の子でもかかります。
- 通常は**発熱**、**鼻水**、**せき**などの症状が出て、ほとんどが1〜2週間でよくなります。
- ただし、2歳未満の子は、**細気管支炎**や**肺炎**などを起こして重症化しやすいので注意が必要です。

百日ぜき（ひゃくにちぜき）

激しくせき込み、息を吸うときにヒューッと特有の音

- 7～14日ほどの潜伏期間のあと、くしゃみや鼻水、軽いせきなどかぜのような症状から始まります。1～2週間でコンコンと**激しくせき込む**ようになり、たて続けに十数回せきをしたあと、**ヒューッと特有の音**と一緒に息を吸い込む、発作的なせきが出るようになります。これが1日に数十回も起こり、しかも夜中や明け方に激しくなるので、眠れなくなり体力が落ちます。
- 3～4週間ごろになると、少しずつ軽症になってきますが、完全に治るまでには2～3カ月かかります。
- 低月齢の赤ちゃんの場合は、特有のせきが出ず、**無呼吸発作**から**チアノーゼ**や**呼吸停止**になることもあり、注意が必要です。

溶連菌感染症（ようれんきんかんせんしょう）（猩紅熱（しょうこうねつ））

突然の高熱と発しん 舌がイチゴ状に

- せきや鼻水などかぜの症状は特になく、**突然38～39℃前後の熱**が出ます。
- 発熱と同時に、のどの入り口やまわりが炎症を起こして赤くはれて、**強いのどの痛み**をともないます。
- 発熱のあとに、首や胸、腹部や足のつけ根のあたりに**赤く細かい発しん**が出ることもあります。
- 初期には**舌が白いコケ**に覆われたようになり、3～4日するとイチゴのように赤くなってブツブツになります。これは「**イチゴ舌**」と呼ばれ、溶連菌感染症の特徴的な症状です。

- 治りかけに、発しんが出た部分の皮膚がむけることもあります。
- おう吐、腹痛など胃腸症状をともなうことがよくあります。

急性肝炎（きゅうせいかんえん）（B型肝炎（がたかんえん））

発熱やおう吐、食欲不振などが現れる

- さまざまなウイルスが肝炎の原因になりますが、代表的なB型肝炎ウイルスは**血液・体液を介しての感染**や**母子感染**が感染経路です。
- まず**気分不快**や**食欲不振**などの全身症状が現れ、徐々に**発熱**や**おう吐**、**腹痛**が起こります。小児では黄疸（おうだん）が出現するのは10％以下といわれます。

皮膚の病気

あせも（汗疹（かんしん））

汗の出口が詰まって炎症を起こす

- **汗の出口**が汗やあかなどでふさがれ、外に流れ出せなくなった汗が、皮膚の内側にたまって**炎症**を起こします。
- **頭**や**ひたい**、**背中**、**わきの下**や**首のまわり**などのくびれたところに汗がたまって、ポツポツと**細かい発しん**ができ、チクチクした**かゆみ**が起こります。患部がこすれたり、汗をかいたりすると、さらにかゆみが強くなります。あせもをかきこわし、そこに黄色ブドウ球菌が感染すると、"あせものより"と呼ばれる状態になり、化膿（かのう）したり痛み

をともなったりします。

とひび（伝染性膿痂疹）

かゆみをともなう水疱が全身にできる

- あせもや湿疹、虫刺され、アトピー性皮膚炎などをかきこわした傷口やすい傷に、黄色ブドウ球菌などの原因菌が感染して**かゆみ**のある**小さな水疱**ができます。
- 水疱の中の**滲出液**には、感染力が強い菌が含まれています。患部をかいて水疱の膜が破れると、体のほかの部分について、水疱がどんどん広がっていきます。かきこわして破れた水疱はただれてジクジクし、乾くとかさぶたになります。
- **黄色ブドウ球菌**は鼻の穴などに存在する常在菌で、多くの人が持っています。健康な皮膚についても害はありませんが、傷ついた皮膚につくと、とびひの原因になります。

皮膚カンジダ症

カンジダ菌でおしりやまたが赤くなる

- **カンジダ菌**というカビの一種に感染して皮膚に炎症が起こる病気です。主におしりやまたなどに、比較的色の濃い赤いただれができます。皮膚が薄くむけている部分があったり、少し離れたところにも赤いブツブツができたりすることもあります。炎症が起こっている部分と、**健康な皮膚との境がはっきりしている**のも特徴のひとつです。
- **おむつかぶれの症状とよく似ていますが**、皮膚カンジダ症の場合、おむつが触れていない部分にも炎症が起こります。おむつが直接当たっていない皮膚の、くびれの奥のほうまでただれているようなら、皮膚カンジダ症の疑いが高くなります。

水いぼ（伝染性軟属腫）

いぼをかきこわすと周囲にどんどん広がる

- **首**や**わきの下**、**胴体**、**ひじ**、**ひざの裏側**などに、直径1〜2mm程度のいぼができます。**いぼ**は**半球状**に盛り上がっていて、真ん中が少しへこんでいるのが特徴です。色は皮膚の色と変わらず、痛みやかゆみはほとんどありません。
- **感染力の強いウイルス**によるものなので、いぼをかきこわすと、いぼの内容物がほかの部分について広がっていきます。

アレルギーの病気

じんましん

食品などが原因で体中に発しんが現れる

- 皮膚の一部に、**かゆみ**のある**赤い発しん**が出ます。発しんは大小いろいろで、赤い発しんに蚊に刺されたような盛り上がった部分が生じます。ほとんどの場合、数時間（早ければ数分）から数日で消え、あとも残りません。
- 乳幼児の場合、原因不明のことも多いです。食物アレルギーの初期症状としてじんましんが見られることがありますが、ほかにも飲み薬、日光、汗、気温の変化や、皮膚をひっかくなどの物理的な刺激が原因になることも。

気管支喘息

激しくせき込むなどの発作が起こる

- 気管支が狭くなって、**うまく呼吸ができなくなる**病気です。ふだんは元気ですが、気管支が何らかのアレルゲンに反応すると発作が起こり、激しく**せき込み**、苦しそうな呼吸になったりします。息を吐くときに「**ヒューヒュー、ゼーゼー**」と笛のような呼吸音が聞こえるのも特徴です。
- 症状が進むと、呼吸のたびに胸やのどがへこむようになります。さらに重症になると、呼吸困難から酸素欠乏を起こし、命にかかわることもあります。

アレルギー性鼻炎

鼻粘膜がアレルギー反応を起こす

- 鼻の粘膜が**ダニ**や**ハウスダスト**などでアレルギー反応を起こし、透明でサラサラした**鼻水**や**くしゃみ**、鼻詰まりなどが続きます。

アレルギー性結膜炎

アレルギーで目の結膜に炎症が起こる

- 結膜にアレルゲンがつくことによるアレルギー反応です。**目のかゆみ**、**充血**、**まぶたのはれ**、**目やに**などの症状が現れます。

花粉症

花粉で目や鼻に炎症が起きる

- アレルギー性鼻炎やアレルギー性結膜炎で、**花粉が原因**の場合を花粉症といいます。
- **目のかゆみ**、**充血**、**まぶたのはれ**、**目やに**、**鼻水**、**鼻詰まり**などの症状が現れます。
- 春や秋、スギやヒノキ、ブタクサなど、アレルゲンとなる植物の花粉の飛ぶ季節だけに出るのが特徴です。

アトピー性皮膚炎

皮膚の乾燥とかゆみのある湿疹が特徴

- 肌が乾燥しやすい体質によるもので、皮膚トラブルが慢性的に続きます。
- 症状は、皮膚がカサカサと**粉を吹く**、細かい**赤い湿疹**が顔や体に広がる、ただれて**分泌物**が出る、皮膚がかたくゴワゴワしてくるなどさまざま。いずれも非常に強いかゆみをともなうため、かきむしってしまい、湿疹をかきこわすことで症状をさらに悪化させてしまいます。症状は、よくなったり悪くなったりをくり返します。
- 早い場合で生後1～3カ月ごろに発症します。症状の現れ方や経過はいろいろですが、最初に頭や顔に湿疹ができ、徐々に体や手足に広がるケースが多く見られます。正確な診断は経過を見ないとむずかしいため、いったんは乳児湿疹と診断され、その後の経過により、アトピー性皮膚炎と診断名が変わることもあります。

目・耳・鼻の病気

結膜炎（けつまくえん）

目やにや目の充血が起こる

- 結膜に**細菌**や**ウイルス**が感染し、**充血**、**目やに**、**涙目**などの症状が現れます。またアレルギーが原因となる場合もあります。
- **細菌性結膜炎**は、肺炎球菌などの細菌による感染が原因で起こります。**黄色っぽい目やに**がたくさん出るのが特徴です。
- **ウイルス性結膜炎**は、目が充血し、まぶたがはれ上がるなど症状が激しく、完治までに2〜3週間かかる場合があります。特にアデノウイルスによる**流行性角結膜炎**は「**はやり目**」と呼ばれ、感染力が強く、目やにが多く出ます。**リンパ節がはれてのどが痛み**、**高熱**が出ることもあります。

ものもらい（麦粒腫／ばくりゅうしゅ）

まぶたが赤くはれ、かゆみや痛みがある

- 目の皮脂腺（ひしせん）や汗腺（かんせん）に、黄色ブドウ球菌や連鎖球菌などの細菌が感染して起こります。
- まぶたの縁や内側が**化膿して**、**赤くはれたり、しこりをつくったり**します。まぶたを押すと痛かったり**違和感**を感じることがあります。
- ほかの人に感染することはありません。

急性中耳炎（きゅうせいちゅうじえん）

細菌が中耳に感染して炎症を起こす

- 鼓膜の内側の**中耳**に炎症が起こります。かぜなどでのどや鼻の粘膜についた**細菌**が、耳管を通って中耳に入るのが原因です。
- 発熱、せき、鼻水などの症状のあと、高熱が出てきげんが悪くなり、**しきりに耳に手をやったり**、**耳を痛がったり**します。症状が進むと中耳に**うみ**がたまり、**鼓膜**が破れて黄色い**耳だれ**（うみ）が出ます。
- **滲出性中耳炎**（しんしゅつせいちゅうじえん）の場合は、中耳腔に**滲出液**がたまり、耳の**聞こえ**が悪くなります。耳だれや痛み、発熱などの症状がないため、発見が遅れることもあり、気をつけたい病気です。

急性外耳炎（きゅうせいがいじえん）

外耳道が炎症し耳だれが出ることも

- 外耳道にできた**湿疹**や**細菌感染**などが原因で、外耳道に炎症を起こして、耳をかゆがったり、少量の耳だれが出たりします。ひどくなると、**化膿**してはれることも。

急性副鼻腔炎（きゅうせいふくびくうえん）

副鼻腔が炎症を起こし黄色い鼻汁が出る

- 鼻の奥にある**副鼻腔**という空洞に、おもに**細菌**が入り込んで炎症を起こす病気です。**かぜをひいたあと**などに、細菌による粘膜

の炎症が鼻腔から副鼻腔に広がって起こります。
- **かぜが長引き**、薄いサラサラした**鼻水**がだんだんと黄色くなり、粘りを持ってうみのようにドロドロしてきます。

口・歯の病気

むし歯

むし歯菌が乳歯を溶かしていく

- **ミュータンス菌**（ストレプトコッカース・ミュータンス菌）は、口の中に残っている食べもののかすなどの糖分を分解して、**歯垢**（プラーク）をつくります。そして、それを**酸**に変えることで、歯のエナメル質や象牙質を溶かしていきます。これがむし歯ができるしくみです。
- 初期のむし歯は表面が白く濁ったり、茶色に変色したりします。進行すると**象牙質**まで穴が開き、食べものをかむと痛みがひどくなります。さらに進行すると、神経まで到達し、歯ぐきのなかの永久歯の芽にも影響を及ぼしてしまいます。

口内炎

食べたり飲んだりすると痛む

- 口の中の**粘膜**に炎症が起きる病気です。乳幼児によく見られるのは、口のなかに米粒大の白い潰瘍ができる**アフタ性口内炎**、手足口病やヘルパンギーナによる口内炎。また38〜40℃の高熱が出ることもあり、口のなかや歯ぐきに強い痛みのある潰瘍や水疱ができる**ヘルペスウイルス性口内炎**です。

呼吸器の病気

クループ症候群

のどの奥が炎症を起こし特有のせきが出る

- のどの奥（**喉頭**）にウイルスや細菌が感染したことで炎症が起こります。
- 多くは**39℃前後の発熱**をともないます。気道が狭くなるために、**イヌの遠ぼえ**のようなせきが出ます。夜、眠りについてから2〜3時間後に**突然せき**が出始めることもあります。
- のどの炎症が悪化すると、**息を吸い込むときにヒュー**という音がします。重症化すると**呼吸困難**になるので注意が必要です。

急性気管支炎

こじれたかぜが原因で激しくせき込む

- 鼻やのどについたウイルスや細菌が、**気管支の粘膜**に感染して炎症を起こしたもので、多くはかぜから続いて発症します。
- **発熱**、**鼻水**、**軽いせき**などのかぜ症状から始まり、**コンコン**という乾いた感じのせきから、**ゴホゴホ**というたんがからんだような湿った感じのせきに変わっていきます。
- せきのために眠れなかったり、せき込んで吐いたりすることがあります。また、食欲が落ちて**きげんが悪く**、重症になると**呼吸困難**を起こすこともあります。

喘息性気管支炎

喘息に似たゼーゼーした呼吸をする

- 気管支が炎症を起こして細くなったり、たんが詰まったりして、息をするたびに、**喘息**のときのような**ゼーゼー**、**ヒューヒュー**という音がします。
- かぜが長引いたときに起こりやすく、せきとともに、**発熱**や**鼻水**などの症状が出ます。
- 気管支喘息と似ていますが、気管支喘息は気管支がハウスダストなど何らかのアレルゲンに反応して発作を起こす病気です。これに対し喘息性気管支炎は、かぜがきっかけで起こるウイルスや細菌による気管支炎です。
- 6カ月ごろから2歳くらいまでの子がかかることが多く、乳幼児期は気管支喘息とはっきり区別することがむずかしいとされています。

細気管支炎

最初は発熱などの症状、そのうち苦しそうな呼吸に

- 気管支より先の**細気管支**がウイルスに感染して炎症を起こす病気です。2歳未満の乳幼児が冬から春にかけてかかることが多く、年齢が小さいほど重症化しやすいので注意が必要です。かぜを起こすウイルスが原因になることが多く、**RSウイルス**が代表的です。
- 最初は、**発熱**や**鼻水**、**くしゃみ**、**せき**などのかぜ症状から始まり、2~3日の間続きます。熱は出ないこともあります。そのうちに呼吸が速く浅くなり、**ヒューヒュー**、**ゼーゼー**という苦しそうな**呼吸**になります。
- せきが激しくなり、食欲が落ちて、重症になるケースも。**呼吸困難**を起こして命にかかわることもあるので、注意が必要です。

肺炎

ウイルスや細菌の感染による肺の炎症

- **ウイルス**や**細菌**などの病原体が肺に侵入して炎症を起こす病気です。多くは**かぜ**や**気管支炎**をこじらせることで発症します。
- **細菌性肺炎**は、主にかぜなどをこじらせたときに発症し、インフルエンザ菌や肺炎球菌による肺炎が代表的です。**38℃以上の高熱**が2~5日続いてぐったりし、**せき**が続きます。せきは頻繁で、**食欲不振**もあり、顔色が悪くなります。重症になりやすく、入院治療が原則です。
- ウイルスに感染して起こる**ウイルス性肺炎**は、肺炎のなかでいちばん多いものです。**38℃以上の高熱**が出て、**せきがひどく**なります。小さな赤ちゃんは重症化することがあり、注意が必要です。
- マイコプラズマという微生物が原因の**マイコプラズマ肺炎**は、学童期の子どもに比較的多く見られます。しつこいせきが特徴です。
- クラミジアという微生物が原因の**クラミジア肺炎**は、新生児から生後3カ月ごろまでの赤ちゃんによく見られます。熱はそれほど出ず、**ひどいせきと目やに**が特徴です。

●著者

今井和子（いまい・かずこ）

子どもとことば研究会 代表

公立保育園で20数年間、保育者として勤務。のち、お茶の水女子大学非常勤講師、東京成徳大学教授、立教女学院短期大学幼児教育科教授を歴任。
全国で研修、講演を行っている。『0・1・2歳児の心の育ちと保育』『0歳児から5歳児 行動の意味とその対応』（小学館）、『子どもとことばの世界』（ミネルヴァ書房）、『保育士のための書き方講座』（全国社会福祉協議会）ほか著書多数。

石田幸美（いしだ・ゆきみ）

社会福祉法人「なのはな」菜の花保育園 副園長
保育士歴28年。
山梨県甲府市にて志を同じくする保育者と平成18年4月に同園を設立。日本児童教育振興財団主催 第50回（平成26年）「わたしの保育記録」大賞受賞。ソニー幼児教育支援プログラム 2016年度 優秀園受賞。

STAFF
- ●撮影　田辺エリ
- ●取材協力・写真提供　社会福祉法人「なのはな」菜の花保育園
- ●ポスター監修　渋谷紀子（愛育クリニック小児科部長）
- ●ポスター写真協力　加藤彰一（加藤小児科医院）　増田裕行（増田こどもクリニック）
- ●ポスターイラスト　すみもとななみ
- ●本文イラスト　ARI　みやれいこ
- ●本文デザイン　SPAIS（山口真里　宇江喜桜　小早谷幸　熊谷昭典）　大木真奈美
- ●執筆協力　洪愛舜　古川はる香
- ●編集制作　株式会社童夢

新人担任が知っておきたい！
3・4・5歳児 保育のキホンまるわかりブック

2018年3月13日　第1刷発行
2022年3月4日　第4刷発行

著 者　今井和子　石田幸美
発行人　守屋陽一
編集人　坂岸英里
編集長　小中知美
発行所　株式会社 学研プラス
　　　　〒141-8415　東京都品川区西五反田2-11-8
印刷所　凸版印刷株式会社

この本に関する各種お問い合わせ先
- ●本・CD-ROMの内容については、下記サイトのお問い合わせフォームよりお願いします。
  https://gakken-kyoikumirai.co.jp/contact/
- ●在庫について　TEL：03-6431-1250（販売部直通）
- ●不良品（落丁、乱丁）について　TEL：0570-000577
  学研業務センター　〒354-0045　埼玉県入間郡三芳町上富279-1
- ●上記以外のお問い合わせ　TEL：0570-056-710（学研グループ総合案内）

© Kazuko Imai , Yukimi Ishida 2018 Printed in Japan

本書の無断転載、複製、複写（コピー）、翻訳を禁じます。
本書を代行業者等の第三者に依頼してスキャンやデジタル化することは、たとえ個人や家庭内の利用であっても、著作権法上、認められておりません。

学研の書籍・雑誌についての新刊情報・詳細情報は、下記をご覧ください。
学研出版サイト　https://hon.gakken.jp/